걸어서 들판을 가로지르다

걸어서 들판을 가로지르다

초판 1쇄 발행 2020년 11월 18일

지은이 박향
펴낸이 강수걸
편집장 권경옥
편집 박정은 강나래 윤은미 김해림 최예빈
디자인 권문경 조은비
펴낸곳 산지니
등록 2005년 2월 7일 제333-3370000251002005000001호
주소 부산시 해운대구 수영강변대로 140 BCC 613호
전화 051-504-7070 | 팩스 051-507-7543
홈페이지 www.sanzinibook.com
전자우편 sanzini@sanzinibook.com
블로그 sanzinibook.tistory.com

ISBN 978-89-6545-680-3 03810

* 책값은 뒤표지에 있습니다.
* 이 도서의 국립중앙도서관 출판예정도서목록(CIP)은 서지정보유통지원시스템
홈페이지(http://seoji.nl.go.kr)와 국가자료공동목록시스템(http://www.nl.go.kr/
kolisnet)에서 이용하실 수 있습니다.(CIP제어번호: CIP2020046574)

걸어서 들판을 가로지르다

박향
에세이

산지니

이 책의 제목은 올가 토카르추크의 소설 『방랑자들』의
다음 문장에서 가져왔습니다.
'나의 첫 여행은 걸어서 들판을 가로지르는 것으로 시작되었다.'

서쪽 바다에서 보낸 열흘

한동안 제주 한달살이가 유행이었다. 어느 지인은 제주에서 한 달을 산다고 집을 알아보고 짐을 미리 부치고 차를 배에 싣고 떠나기도 했다. 하지만 한 달 살이라니. 그게 보통 사람들한테 가능하기는 한 일인가. 어떻게 한 달을 일상에서 뚝 떼어 내어서 아무렇지도 않은 듯 살 수 있단 말인가. 그것은 모든 사람의 로망일 수는 있지만 실행에 옮길 수 있는 행운은 아무에게나 오는 것은 아닐 것이다.

　직장인으로, 엄마로, 주부로, 아프고 늙은 부모의 자식으로 늘 시간에 쫓기듯 살았다. 한 달은 아니라도, 한 번쯤은 그 바쁜 시간을 뚝 떼 내고 싶었다. 그리고 그 시간 속에서 조용하고도 여유롭게 엄살 같은 걸 떨어 보고 싶었다.

2019년 8월 23일부터 9월 1일까지 열흘간 오랜 친구와 나는 제주도의 작은집에서 살림을 시작했다. 우리는 우리가 묵은 동네와 그 주변, 그리고 아주 가끔 먼 곳으로 나들이를 가서 주변을 거닐고 그곳의 풍광을 찍었다. 미리 계획을 하지 않아서 그날 기분에 따라 장소가 바뀌기도 했다.

이른 아침, 파도 소리에 이끌리듯 잠이 깨면 습관처럼 바닷가 마을로 산책을 나갔다. 어떨 때에는 에어컨을 켜둔 채 집에서 낮잠을 잤고, 시골 책방에서 산 책을 읽거나 침대에 누워 하릴없이 뒹굴기도 했다. 식사 때에는 알려진 맛집을 찾아가기도 했으나 대부분 집에서 식사를 해결했다. 마당의 작은 정원에서 따가운 햇살을 받아 싱싱하게 자라고 있는 가지와 깻잎, 고추, 파 등은 늘 우리의 훌륭한 식재료가 되어주었다.

사진은 스마트폰으로 찍었다. 습관처럼 가지고 간 노트북으로 나는 저녁마다 일기를 썼고, 내가 일기를 쓰는 동안 친구는 마치 콩을 고르듯이 신중하게 그날 찍은 사진들을 살펴보았다. 제주를 떠나올 때쯤 우리는 알게 되었다. 아, 노을을 찍은 사진이 많구나.

모든 것은 우연이었다. 깨끗한 시골집이 있다 하여 지인의 소개로 찾아간 그곳은 제주도 서쪽마을이었고, 우리는 그곳에서 조금씩 장소를 옮겨 가며 매일 노을을 보았다. 처음엔 그저 그 아름다움에 감탄할 뿐이었다. 하지만 시간이 지날수록 그 황홀한 아름다움이 조용하게 변화해 가는 순간 우리의 마음을 건드리며 움직이는 무엇이 있다는 것을 알게 되었다. 그것을 한 단어로 '무엇'이라고 정의할 수는 없었다.

불치병을 앓는 두 청년의 좌충우돌 에피소드를

담은 감동적인 영화 〈노킹 온 헤븐스 도어〉를 보면 그들이 왜 죽음을 앞두고 병원을 탈출해야만 했는지를 알려주는 대화가 나온다.

　　루디: 난 바다를 본 적이 없어.

　　마틴: 진담은 아니겠지? 바다를 한 번도 못 봤어?

　　루디: 응, 단 한 번도.

　　마틴: 천국에 대해서 못 들었나? 그곳엔 별다른 애깃거리가 없어. 바다의 아름다움과 바다에서 바라본 석양을 얘기할 뿐이야. 물속으로 빠져들기 전에 핏빛으로 변하는 커다란 공…. 사람들은 자신이 느꼈던 강렬함과 세상을 뒤덮는 바다의 냉기를 논하지. 영혼 속의 불길만이 영원한 거야.

　　루디: …….

　　마틴: 너는 별로 할 말이 없겠다, 바다를 본 적이

없으니까.

얼마 남지 않은 시간, 그들은 바다를 향해 뛴다.

애월 금성리의 친절한 주인 아주머니와 맛있는 청귤차를 준비해 준 무인 카페, 세상의 누렁이를 닮은 해안 돌담집 똑똑이, 아무 불평 없이 우리의 여행을 응원해 준 사랑하는 가족들, 그리고 수고해 주신 산지니 편집진께 감사의 인사를 전한다.

제주에서 열흘 살다 온, 금성리댁

차
례

출발

＊

오전 11시 45분 비행기였다. 한 시간 정도 여유를 두고 택시를 타고 김해공항에 도착했다. 공항은 그리 북적이지 않았다. 8월의 막바지 휴가를 즐기려는 사람들이 많지 않은 까닭이었다. 아기를 업은 어린 엄마와 짐을 든 사람들, 뛰어다니는 아이들을 통제하지 않는 부모와 함께 비행기에 올랐다. 그 개구쟁이들을 보고 우리는 씨익 웃었다. 평소 같으면 부모에게 뭐라고 하지는 못해도 분명 둘이서 속닥거렸을 것이다. 공공장소에서 저게 뭐냐 하고 말이다. 하지만 오늘 우리는 그러지 않았다. 심지어 이런 상황에서 좀처럼 하지 않는 너그러움을 방출하기까지 했다.

"누군들 여행이 좋지 않겠냐. 설렘은 떠나는 자의 권리야."

드디어 떠나는 것이다. 새로운 여행지에서 보고 놀라고 감탄하는 것이 아니라 그저 보고 그저 느끼는 것이 이번 여행의 목표였다. 어디를 갈 것인지 무엇을 할 것인지 정하지 말고 떠나자고 했다.

해외여행 자유화가 시행되기 전에는 물론이고, 그 이후에도 사는 데 바빠서 해외로 나가는 것은 꿈도 꾸지 못했다. 아이들을 데리고 국내를 여행한 적은 있지만 그때는 아이들에게 무언가를 보여주어야 한다는 사명감 때문에 나 자신의 여행을 즐기지 못했다. 여행 가자는 말을 하면 자연스럽게 해외를 떠올리게 된 것은 언제부터였을까. 이제 해외여행은 꿈이 아니라 보통 사람들의 현실 가능한 휴가가 되었다. 텔레비전 홈쇼핑마다 여행상품이 날개 돋친 듯이 팔리고, 사람들로 발 디딜 틈 없는 인천국제공항의 모습을 우리는 심심찮게 뉴스를 통해 볼 수 있다.

나 역시 아이들이 대학에 가고 심리적으로 여유가 좀 생기자 해외여행으로 눈을 돌리게 되었다. 처음 해외여행을 갔을 때에는 좁은 이코노미석에서 열 몇시간씩 비행기를 타는 것이 전혀 힘들지 않을 정도로 너무 좋았다. 그 후 큰 용기를 내어 친구와 함께 자유여행을 계획하여 갔는데 그때는 기쁨보다 두려움이 더 컸던 기억이 있다. 공항에 내려서 어디로 가서 어떤 버스를 타야 할지, 예약한 숙소의 골목이 첫 번째인지 두 번째인지, 가도 가도 목적지가 나타나지 않을 때에는 이 먼 타국에서 미아가 되는 것은 아닌지 시시때때로 불안하고 당황했다. 어떤 면에서 당시 자유여행은 내게 주어진 무거운 과제 같은 것이었다. 탈 것과 먹을 것, 잠잘 곳을 미리 정해야 했고, 반드시 봐야만 할 것들은 그 지역을 공부하면 할수록 더 늘어났기 때문이었다. 물론 자유여행도 노하우가 생기면 훨씬 더 '자유'로워질 것임을 안다. 그 자유를 만끽하라고 엄청난 여행지침서들이 온라인과 오프라인에서 우리를 기다리고 있기도 하다. 하지만 그것은 경제적인 문제와 여유로운 시간, 그리고 뜨거운 열정을 동시에 해결해야 하는 아주 까다로운 녀석이다.

무엇보다 우리는 좀 여유로워지고 싶었다. 이쪽

에서 저쪽으로 장소를 옮긴 것에 불과하지만 새롭게 알게 될 것들과 만나게 될 사람들이 봄날의 기운처럼 우리 곁으로 왔으면 했다. 떠난다는 것이 특별한 일이 아님을, 우리 인생이 여행 그 자체임을 느껴보고 싶었다. 여행을 떠나기 위해서 책을 찾아 읽는 것이 아니라 낯선 여행지에서 시간에 쫓기지 않고 책을 읽고 싶었다.

어느 날 오랜 친구인 경과 나는 이 전제에 합의했다. 그래서 처음엔 이번 여행이 '설렘'과는 상관없을 줄 알았다. 그런데 날짜가 다가올수록 우리는 조금씩 흥분하고 있다는 사실을 깨달았다. 여행이 아니라 다른 일상을 경험한다는 것은 기대나 호기심과는 조금 다른, '엿봄' 같은 것이었다. 나의 다른 일상을 엿본다는 건 얼마나 매력적인 일인가.

김해공항과는 달리 제주는 인파로 북적였다. 이른 새벽, 이국의 공항에 내렸을 때의 두려움과 낯섦, 약간의 당황스러움, 그런 것들이 해외여행을 알리는 첫 신호라면 이곳은 친근함으로 시작되었다. 친근한 얼굴들, 친근한 우리말, 표지판 따위 읽지 않아도 발

길 닿는 대로 걸으면 목적지에 도달할 수 있다는 자신감 같은 것들 말이다.

제주공항에서 짐을 찾고 우리는 빠른 걸음으로 이동해 렌터카 회사의 버스에 올랐다. 그런데 더웠다. 물론 빠른 걸음이 한몫했지만 여름이 갔을 것이라고 지레짐작한 우리의 예상을 보기좋게 깨부수는 만만찮은 기온이었다. 여름의 끝자락인데 태양은 작정을 한듯 내리쬐고 있었다.

"와, 덥다. 여름이 마지막 발악을 하는 것 같아."

렌트한 차량은 모닝이었다. 하루에 한 번 정도의 산책이나 관광을 겸한 이동과 생존에 필요한 장보기를 위한 차량이니 굳이 큰 차는 필요 없었다. 동문 재래시장 주차장에 주차를 하고 근처에 있는 식당에서 성게미역국을 먹었다. 성게미역국은 여행지에서 처음으로 먹는 음식답게 아주 독특한 맛이었다. 음식은 그 도시의 또 다른 관광상품이다. 장소가 바뀌면 사람들은 제일 먼저 그 지역의 색다른 음식에 대한 기대를 품는다. 어떨 때는 단순한 미각이 눈부시게 화려한 시각적인 요소를 넘어서기도 한다. 유명 관광지의 구석진 식당에서 우연히 만난 소박한 국수 한그릇으로 그 도시 전체를 기억할 때도 있는 것이다.

"미역국에 대파를 넣었네? 미역과 성게의 독특한 향을 살짝 방해하는 것 같지만 슴슴하니 괜찮네."

경이 하는 말에 나 역시 고개를 갸우뚱했다. 성게국을 처음 먹는 거라 그런지 맛있다 맛없다라고 단순하게 표현하기에는 좀 오묘한 맛이었다. 하지만 그 맛에 끌려 한 숟가락씩 떠먹다 보니 국물을 하나도 남기지 않고 다 먹어 버렸다.

"맛있는 미역국임에 틀림없는 것 같다."

빈 그릇을 보이며 내가 말하자 동의한다는 듯 경이 고개를 끄덕였다.

"반찬을 조금 사 갈까?"

식당을 나서며 경이 말했다.

"만들어 파는 반찬을 별로 좋아하진 않지만 오늘은 조금 사자. 밑반찬 만들어 먹기는 좀 힘들 테니까 말야."

식당 옆문으로 나오니 바로 동문시장이었다. 그곳에서 생선전과 김치, 오이소박이를 사고, 근처 마트에 가서 간단한 양념과 생필품 등을 샀다. 그리고 내비게이션에 우리가 열흘 동안 머물 집의 주소를 찍고 출발했다. 30분쯤 지나자 운전을 하던 경이 손짓했다.

"저긴가 봐."

"오, 예쁜데?"

황토색 대문 옆 벽돌담에 붙은 빨간 우편함이 먼저 눈에 들어왔다. 구멍이 숭숭 뚫린 검은색 돌담이 가슴 높이 정도로 올라와 있고, 대문 옆에는 파수꾼처럼 작은 창고가 서 있는 집이었다. 마당으로 들어서니 붉은 벽돌집 두 채가 보였다. 앞쪽 사랑채가 게스트하우스이고, 뒤쪽은 주인 내외가 사는 곳인 모양이었다.

"계십니까?"

기다렸다는 듯이 현관문이 열리더니 인상 좋은 아주머니께서 어서 오라며 반겨주셨다.

"내가 오늘 오전까지 걸레를 들고 구석구석 깨끗하게 청소해놨어요."

집은 한눈에 보아도 깔끔했다. 마당 곳곳에 화단

애월 금성리 집과 모닝

과 채소밭이 예쁘게 꾸며져 있고 창고 옆에는 간이 수도시설이 설치되어 있었다. 작은 자갈이 깔린 마당에는 노란색 야외용 테이블과 의자가 놓여 있어 멋스러움을 더했다. 밭에는 가지, 고추, 부추, 깻잎, 파 등의 채소가 오밀조밀하게 심겨 있었는데 채소밭 가장자리는 큰 자갈로 빙 둘러놓아 잘 꾸며진 정원 같은 느낌을 주었다. 화장실과 세탁실을 안내해 준 아주머니가 방방마다 다니며 보일러, 가스, 에어컨 사용에 대한 설명을 해 주셨다.

"불편한 점이 있으면 언제든지 안채로 와서 말씀하세요."

여행지의 숙박시설에서 친절한 주인을 만나는 것은 무엇보다 큰 복이다. 깨끗한 시골집이라니 우리도 마음이 놓였다. 담 너머 지나가는 할머니와 눈이 마주치자 눈인사를 한 경이 내 옆에서 작은 소리로 말했다.

"이런 집에서의 생활이라니, 여행의 기대치가 확 올라간다."

짐을 정리하고 시장 봐 온 재료들을 냉장고에 넣

고 나니 그제야 제주에 온 이유가 분명해지는 것 같았다. 현관에는 오렌지색과 회색 슬리퍼 두 켤레가 가지런히 놓여 있었다. 우리는 약속이나 한 듯이 슬리퍼를 신고 가장 편한 복장으로 동네길을 걸어나왔다. 걷기 시작한 지 3분도 안 되어 눈앞에 넓은 바다가 펼쳐졌다. 바닷바람에 티셔츠가 펄럭이고 머리카락이 휘날렸다. 그 바람을 타고 어디선가 향기로운 냄새가 흘러나오는 것 같았다.

"이제 이곳에서 조금 다른 일상을 시작하는 거야."

"나 아닌 다른 사람 같은 기분이 든다."

누구랄 것도 없이 감상에 젖어 우리는 한마디씩 중얼거렸다. 바닷가 바로 앞에 허름한 창고를 개조해서 만든 카페를 발견했다. 과연 이 집이 영업을 하는 걸까 하는 의문을 가지고 낡은 문을 밀고 들어갔다. 겉보기에는 낡아 보였는데 안으로 들어가자 마당 같은 공간을 둘러싸고 있는 빈티지한 건물이 나타났다. 거친 벽면과 무심하게 놓인 듯한 장식물의 조화가 자연스러워서 구조물 하나하나에 들어간 손길과

정성이 느껴졌다. 2층 루프탑에서는 바다가 훤히 내려다보였다. 한쪽 벽면이 온통 유리창으로 된 1층 홀은 푸른 바다가 성큼 안으로 들어와 있고, 다른 쪽 벽은 여자 얼굴 그림으로 채워져 있었다. 벽 한 면을 차지하고 있는, 얼굴만 강조한 그림이 어색할 법도 했으나 전체적으로 청색을 사용한 톤이 바다와 어우러져 신비한 느낌을 주었다.

"나중에 여기서 저녁 먹자."

"좋아!"

카페를 둘러보고 바닷가로 나갔다. 내년 여름을 위해 짓고 있는 유리가 많은 건물들과 재미있는 만화 그림이 그려진 바닷가 울타리를 지났다. 그리고 아주 깔끔한 무인카페를 만났다. 실내뿐 아니라 야외 테이블까지 정감 있게 배치된 카페였다. 커피와 각종 담금차들이 냉장고 안에 이름표를 붙인 채 가득 들어 있었다.

"우리가 머무는 동안 여기서 몇 번은 차를 마시겠지?"

"비가 오면 운치가 더 있을 것 같지 않냐?"

루프탑으로 올라가는 카페의 계단참에서
액자에 담긴 아름다운 풍경을 발견했다

"맞아. 쏟아지는 비, 바다와 도로의 경계를 지워버린 안개."

"그리고 무인 상점. 완전 소설의 한 장면인데?"

주인도 손님도 없는 카페엔 묘한 분위기가 흘렀다. 문득 이곳은 이야기를 만들어내기에 아주 적당한 장소라는 생각이 들었다.

김성종 작가의 작품 『달맞이언덕의 안개』에는 '죄와 벌'이라는 카페가 나온다. 40대 초반 미모의 여인 포가 운영하는 카페의 간판에는 라스콜리니코프가 도끼로 노파를 살해하는 장면이 그려져 있다. 주인공은 '죄와 벌'에 나와 와인을 마시며 달맞이언덕의 안개 속 같은 사건들을 추리한다. 달맞이언덕과 카페 '죄와 벌'은 그 장소만으로 이야기의 흐름에 주도적인 역할을 하는 것이다.

나는 우리가 열흘 동안 살아갈 동네의 무인카페 의자에 앉아 낯설면서도 친근한 이 장소에 대해 생각했다. 이 도시의 첫 음식이었던 성게미역국만큼이나 오묘하고 이상하며 뭔가 명확하지 않지만 흥미로운 곳이었다. 밖으로 나간 경이 팔짱을 낀 채 그런 내 모

습을 보고 웃고 있었다. 이곳이 낯선 여행지라면 그
녀에게 처음으로 길을 물어보고 싶을 만큼 정겨운 웃
음이었다.

노을에 젖다

동네와 썩 어울리지 않는 현대식 작은 다리를 건너다가 우리는 걸음을 멈추었는데 바로 노을 때문이었다. 여기는 애월, 제주의 서쪽바다! 우리가 머무는 열흘 동안 비만 오지 않는다면 하루도 빠짐없이 노을을 볼 수 있는 것이다. 기대하고 온 것은 아니지만 너무도 당연한 이 사실이 우리를 행복감에 젖어들게 했다.

노을. 그런 노을은 처음 보았다. 노을은 하늘을 붉게 물들이고 서서히 바다에 젖어들고 있었다. 태양은 동그란 제 모습을 그대로 드러내고 발악을 하듯 붉은 물감을 마구 뿌려댔다. 하늘도 바다도 핏빛이었다. 멀리 작은 등대도 해안의 작은 집들도 핏빛 속으로 스러져 갔다.

"대장간의 불에 달군 시우쇠처럼 붉게 피어난 노을이라는 표현이 있는데, 지금 저 노을이 딱 그런 것 같아."

"소설이야?"

경이 물었다. 나는 고개를 끄덕이며 눈에 보이는 풍경이나 사물에 대해서 느끼는 감정이 인간의 정서와 얼마나 밀접하게 연관되어 있는지를 문득 깨달았다.

"그런데 그 소설에서 주인공이 그러거든. 나는 그만 노을에 몸을 던져 한줌 재로 사위어 버리고 싶을 만큼 못 견디게 울적하다고, 죽고 싶다고."

"노을에 몸을 던져 한줌 재로? 저 노을을 보면서 그런 생각을 했단 말이야? 상상이 안 가는데?"

김원일 작가의 작품 『노을』에 나오는 주인공의 비명 같은 대사였다. 대학생 때 읽은 작품이었는데 그 문구가 강렬해서 지금도 기억에 남아 있다. 그 당시 내가 읽은 책은 삼성출판사에서 나온 제3세대 한국문학 전집 중 하나였다. 외판원이 학교 교문 앞에

대장간의 불에 달군 시우쇠처럼 붉게 피어난
노을이 한동안 이어졌다

노을은 둥근 하늘 끝까지
분홍과 연보라빛 물감을 풀어댔다

펼쳐 놓은 그 전집을 보고 마음이 혹해서 몇 번이나 책을 들었다 놨다 하던 나는 다음 날 결국 그 책을 사고 말았다. 할부로 그 책을 구입하고 몇 달을 거의 거지처럼 살았지만 직장을 다니고 결혼을 하고 몇 번의 이사를 하면서도 버리지 않을 만큼 나는 그 전집을 사랑했다.

"그러게 말이다. 같은 빛깔의 노을을 보고 있는데 우리가 느끼는 아름다움에 대한 충만감은 어디서 오는 것일까, 저 빛을 보고 우리는 지금 고통이라곤 상상할 수도 없는데 말야. 주인공은 좌익 폭동에 앞장선 백정인 아버지를 극도로 미워하거든. 핏빛 노을을 보고 자기 아버지를 떠올린 거야."

동그란 해가 바다 속으로 들어갔다. 작가가 표현한 불에 달군 쇠처럼 붉던 기운은 사라졌지만 하늘은 색을 바꿔가며 쉽게 노을을 끝내지 않았다.

"저거 봐, 색깔이 바뀌기 시작한다."

"그렇네."

나는 고개를 끄덕였다. 소설 『노을』 주인공이 스스로 과거와 화해를 하는 장면에서 노을을 단순히 붉다고 볼 수만 없다는 말을 했던 게 떠올라서였다. 경에게 좀 더 정확한 표현을 전해주고 싶은 생각에 스마트폰으로 김원일의 『노을』을 찾았더니 제법 많은 블로그에서 그 소설을 다루고 있었다. 주로 수능 대비를 하는 학원 선생님의 블로그였다.

"그 소설에서 주인공이 그러거든. 노을은 여러 가지 색이 교묘하게 섞여 있음에도 불구하고 사람들은 노을을 붉다고만 말한다고 말야."

"공감가는 대목이다."

"읽어 줄게 들어 봐."

나는 스마트폰을 보며 경에게 갑수의 말을 들려주었다.

"진노란색, 옅은 푸른색, 회색도 저 속에 섞여 있지 않는가. 그런데도 세상 사람들은 그렇게 무엇인가 한가지로 뭉뚱그려 구별지어 버리기를 좋아하는 것일까."

오랫동안 미동도 없이 보고 있었더니 하늘과 바다가 일체가 되는 그림 속에 우리도 점점 스며들어 가는 것 같았다.

해가 지고 난 뒤 금성리 포구는
한 폭의 그림이다

"아무리 아름다운 그림이라도 이렇게 오랫동안 보고 있으면 지겨울 텐데."

"그러게 말이다. 지겹지도 않네."

하지만 너무 오래 서 있었다. 배가 고팠다.

"가자. 배고프다."

노을이 고스란히 친구의 등에 찍혔다. 우리는 가끔 고개를 뒤로 젖혀 수평선 가장자리의 색깔들이 수시로 변하는 것을 지켜보았다. 노을은 둥근 하늘 끝까지 분홍과 연보랏빛 물감을 풀어 대고 있었다. 뜨겁고 아름다운 화인이 몸에 새겨지는 느낌이었다.

카페로 돌아와 제주에일 생맥주와 피자를 시켰다. 짙은 청색 머리카락과 고혹적인 눈을 가진 여자 벽화가 있는 홀의 창가 자리였다.

"에어컨이 너무 세다, 좀 추운데?"

경이 말했다.

"야, 뭐가 걱정이냐. 집이 3분도 안 걸리는데. 잠깐 기다려."

집에 가서 카디건 두 개를 가지고 왔다. 카디건을 걸치니 기분 좋게 따뜻했다. 피자도 맛있고, 약간 쓴 듯한 흑맥주도 좋았다. 이곳이 외국이었다면 우리는 더 많이 감탄했을 거라고 말했다. 제주라서 우리가 덜 감탄하고 있는 것이라고.

해외여행을 하면 우리는 공항에 내리는 순간부터 그 지역의 세세한 것을 관찰하려고 한다. 미세한 냄새와 색다른 공기, 이방의 언어, 심지어 길바닥에 박힌 돌이나 맨홀 뚜껑, 트램이나 버스의 색깔까지 우리를 매혹시킨다고 생각하는 것이다. 그것은 아마 자주 해외여행의 기회를 접하지 못하기 때문에 더욱 그렇겠지만 여행의 마음가짐이 다른 이유가 클 것이다. 해가 지는 풍경을 바라보는 마음도 마찬가지가 아닐까.

노을이 마지막 발악을 하듯이 점점 더 넓게 하늘을 물들이더니 서서히 검은 구름 속에 저물어 갔다. 마당에 심긴 가지 같은 짙은 보랏빛만 남기고 하늘은 조금씩 어두워지고 있었다. 곧 바다도 검은빛으로 물들었다. 우리의 잔도 비었다.

"갈까?"

계산을 하고 카페를 나와서 우리는 천천히 골목

길을 따라 올라갔다. 약간의 취기와 바다의 습기에 젖은 목소리로 노래를 흥얼거리며 약속이나 한 듯 우리는 말했다. 좋다.

가운데 거실 겸 부엌을 중심으로 방이 두 개 있었다. 하나는 침대방이고 다른 방은 온돌이었으나 둘 다 에어컨이 설치되어 있어 더운 날이라고 해도 전혀 문제될 게 없어 보였다. 우리는 방을 하나씩 차지하고 옷을 갈아입고 짐을 정리한 후 다시 거실로 나왔다. 이번 여행의 회계는 경이 맡았다. 경은 거실에 앉아 오늘 쓴 지출 목록을 정리했다. 나는 소파에 앉아서 노트북을 켰다. 첫날 일기는 조금 길게 쓰려고 마음먹었으나 행복한 노곤함이 밀려와 실패하고 말았다.

한밤의
방문자

＊
＊

딸아이가 온 것은 새벽 2시쯤이었다. 제주에 사는 친
구를 만나러 이틀 전에 왔는데 오늘 하루는 친구와
함께 이곳에서 자겠다고 통보한 것이다. 밤늦게까지
놀다 올 것이니 기다릴 것 없이 대문 비밀번호만 알
려 달라고 했으나 이 집에 와 보니 비밀번호로 문을
여는 시스템이 아니었다. 대문이나 현관문을 열어 놓
고 자든지 아니면 빨리 들어오라고 아이에게 전화라
도 해야 할 판이었다. 하지만 어렵게 낸 휴가를 친구
와 즐기고 있을 아이에게 그런 부담을 주고 싶지 않
았다. 그러니 최선은 문을 열어 놓고 자는 것뿐이었
다. 주인집 아주머니가 대문을 잠그고 안채로 들어가

는 소리를 확인한 후에 나는 자리에서 일어났다. 살며시 마당으로 나가 소리나지 않게 대문 잠금쇠를 풀고, 저절로 열리지 않도록 아래쪽을 돌로 고정시켜 놓았다. 안방에 아이들 잠자리를 마련해 주고 작은 방에 경과 함께 이부자리를 폈다. 스마트폰을 보던 경은 이미 잠이 들었는지 내가 방에 들어갔을 때에는 낮은 숨을 내쉬고 있었다. 자리에 누웠다가 일어나 사랑채 현관문 잠금쇠가 풀렸는지 다시 확인하고 나도 방으로 들어가서 잠을 청했다.

가스밸브가 열린다는 안내멘트 때문에 잠에서 깼다. 조용하면서도 은밀한 말소리와 함께 뭔가를 끓여 먹으려는지 달그락거리는 그릇 소리도 들렸다. 다시 연이어 가스밸브가 열린다는 소리가 조용한 시골의 밤공기를 찬란하게 갈랐다. 가스밸브 사용법이 도시와는 달랐던 탓에 밸브만 열고는 가스불을 켤 수가 없었던 것이다. 나는 자리에서 일어났다.

"아, 엄마. 미안. 가스레인지 안내멘트가 어찌나 큰지 제주도민이 다 깰 것 같네."

경이 깰까 봐 그러는지 미안한 얼굴로 지원이가

속삭이듯 말했다.

"얘가 보민이야. 이번에 공사에 합격했어. 잘됐지?"

딸아이가 마치 제 일인 듯 대뜸 보민이의 취업을 자랑했다.

"아, 그래? 정말 축하해."

제주에 사는 보민이 이야기는 가끔 들었으나 얼굴은 처음 보았다. 딸아이와 보민이는 호주에 어학연수 갔을 때 같은 방을 셰어하면서 만난 사이였다. 지원이는 카톡으로 가끔 한 집을 쓰는 외국 친구들을 이야기하곤 했는데 한국 친구는 보민이가 처음이었다.

"엄마, 보민이는 편도 비행기 티켓만 달랑 가지고 호주로 온 한 살 어린 동생이야. 티켓도 알바해서 모은 돈으로 샀대."

영어를 배우겠다고 혼자 힘으로 먼 이국으로 간 보민이가 안타까우면서도 한편으로는 부모의 그늘에서 어려움 모르고 자란 딸아이가 배우는 게 있겠구나 하는 생각이 들었다. 다녀와서 이야기를 들어 보니 딸아이는 내가 보내 준 생활비를 쪼개서 친구를 도와주기도 했던 모양이었다. 어려움을 함께 겪고 나면 동료애 같은 게 생기지 않는가. 어학연수를 마치고 돌아올 즈음에 둘 사이의 우정은 돈독해져 있었다.

역경의 아이콘으로 내 기억에 남아 있던 보민이는 예쁘고 인사성도 밝고 아주 친절한 아이였다. 반가웠지만 잠결인 데다 이부자리에서 나온 부스스한 모습 때문에 인사를 받는 둥 마는 둥 취업 축하 인사도 대충하고 나는 짜파게티를 끓이기 시작했다. 한 젓가락 입에 넣은 아이들은 서로 얼굴을 마주 보고 한마디로 짜파게티의 맛을 표현했는데 '존맛탱'이었다. 세상에, 저 국적 없는 언어라니!

"감사합니다, 잘 먹겠습니다."

미안해하는 보민이의 인사를 받으며 나는 방으로 들어갔다. 후루룩거리고 먹으면서도 연신 조심스럽게 키득거리는 소리가 들렸다. 곧 서른이 될 아이들이 아직도 여고생처럼 떠들고 있구나. 나는 이불을 목까지 끌어당겼다. 인견이불이 기분 좋게 맨살에 까슬거렸으나 잠은 잘 오지 않았다.

얼마 전 딸아이는 결혼 날짜를 받았다. 결혼하겠다며 남자친구를 데려왔을 때에도, 결혼 날짜를 받았을 때에도 별다른 감정 없이 무덤덤했던 나는 어느 날 텔레비전에 나온 아파트 광고를 보고 왈칵 눈물을 쏟고 말았다.

어린 시절 엄마가 없으면 안 되던 딸은 중학생이 되면서 방문을 닫기 시작한다. 고등학생이 되고 대학생이 되고 직장에 다니게 된 딸은 좋은 일이 있으면 친구들과 나누고 기분 나쁜 일이 있으면 혼자 삭인다. 그래서 늘 방문은 닫혀 있다. 딸의 방문 앞에서 엄마는 이제 서성일 뿐이다. 들어가도 될까, 기분 나쁜 일이 있었나, 무슨 일이 있는 건 아니겠지? 궁금하지만 문틈으로 새 나온 불빛을 보며 엄마는 걱정 가득한 얼굴로 안절부절못한다. 그리고 어느 날 딸은 결혼을 하고 엄마는 텅 빈 방을 보며 그 빈방만큼 텅 비어 버린 자신의 가슴을 본다. 딸의 침대에 걸터앉은 엄마 모습으로 아파트 로고가 오르며 광고는 끝이 난다.

눈물이 흐르면서도 한편으론 다행이라는 생각도

들었다. 다른 사람도, 아니 다른 엄마들도 저렇게 사는구나. 당연히 가장 보편적인 모습을 광고에 담았겠지, 나만 딸의 방문 앞을 서성였던 것이 아니었구나. 내 눈물에는 그런 자기합리화를 가장한 안도감 같은 것이 감춰져 있었다. 엄마를 이렇게 서럽게 만들다니 이 모든 게 다정하지 않은 딸의 탓이라고 생각했던 적도 있었다. 하지만 사실은 그게 아니었다. 그게 아니라는 것을 누구보다 나 자신이 잘 알았다.

출산을 한 후 직장에 복직을 하면서 울산 시댁에 아이를 맡겼다. 주말마다 아이를 보러 갔지만 나는 언제나 찬밥 신세였다. 아이는 나를 극도로 밀어냈다. 할머니가 잠깐 이웃에 일을 보러 나가기라도 하면 오실 때까지 악을 쓰고 울었다. 할머니가 늦게 오면 울다가 지쳐 잠들었다. 내가 할 수 있는 일은 기저귀를 빨고 삶거나 청소를 하는 일뿐이었다. 이틀을 보내고 일요일 저녁 부산으로 돌아올 때마다 어린 엄마는 울었다. 나도 엄마가 처음인데 저렇게 엄마를 밀어내기만 하는 딸이 한없이 좋을 리 없었다. 일주일 동안 직장을 다니면서 제대로 쉬지도 못하고 보고 싶

은 마음을 가득 안고 토요일에 올라가면 밀어내고 우
는 아이만 봐야 했다. 아빠도 할아버지도 심지어 삼
촌이 안아도 아이는 울지 않았다. 아이는 엄마만 싫
어했다. 일요일 저녁은 아이에 대한 미움으로 가득
찼다.

"엄마가 자신을 버렸다고 생각하는 걸까?"

부산으로 돌아가는 일요일 밤 차창에 기대어 훌
쩍이는 나를 보고 달랜답시고 남편이 하는 말도 위안
이 되지 않았다. 그러던 딸아이는 네 살 때 부산으로
왔다. 그때부터 새로운 전쟁이 시작되었다. 아이는 엄
마와의 소통을 완벽하게 거부했다. 할머니를 강제로
떼어 놓은 데 대한 복수라도 하듯 사사건건 엄마와
부딪혔다. 이번에 엄마는 우는 대신 화를 냈다. 시간
이 흐르고 난 뒤에야 나는 내가 현명하지도, 지혜롭
게 대처하지도 못했다는 자책감에 오랫동안 힘들어
했다.

누구보다 가깝지만 누구보다 비밀이 많은 관계
가 가족인지도 모른다. 표현에 서툴고 그래서 가끔
오해가 쌓이기도 하지만 그 오해를 가장 빨리 증발

시키는 관계가 또 가족이 아닐까. 서로 대화를 주고 받기 시작하면서 모녀 관계는 많이 회복되었지만 우리 사이의 앙금은 아직까지 남아 있을지도 모른다는 생각을 가끔 했다. 불빛이 새어나오는지 불이 꺼졌는지 방문 틈 사이의 희미한 빛으로만 딸의 존재를 확인하던 그 시간에 나는 처절하게 외로웠지만 또 반성했다.

"야, 설거지는 해야지."

"지금 하면 오히려 더 시끄럽잖아. 그냥 물에 담가 두자."

"아침에 일어나면 어머니께서 하실 텐데…, 그럼 너무 죄송한데."

"우리 엄마잖아. 괜찮아."

어, 갑자기 코끝이 찡해졌다. 갱년기 증상인가 뭐 저런 말 한마디에….

결국 보민이가 이긴 모양이다. 달그락거리는 그릇 부딪히는 소리와 물소리가 났다. 나는 이불을 머리끝까지 뒤집어썼다. 저렇게 철없는 아이를 시집보내도 될까, 결혼이란 게 뭣인지도 모르겠지, 어렸던 나처럼. 그래도 지금은 세상이 많이 달라졌어…. 잡다한 생각과 함께 몸을 뒤척였지만 잠은 잘 오지 않았다. 낮게 코를 골며 경은 잠에 빠져 있었다. 이렇게 잠을 잘 자는 경은 정말 여행에 적합한 사람이 아닐 수 없다. 설거지를 끝냈으니 이제 곧 자겠지라고 생각한 것은 착각이었다. 아이들은 이제 씻느라고 난리였다.

'잠들기는 글렀다.'

나는 낮게 탄식했다.

거문오름과
어깨동무하다

*

어지러운 꿈을 꾸다가 알람 소리에 잠이 깼다. 오늘
은 앞으로의 우리 일정에서 유일하게 미리 계획한 거
문오름 등반 날이다. 유네스코 세계자연유산에 등재
된 거문오름은 일정 시간에 일정 인원만 등반이 가능
해서 예약을 해야만 했다. 우리는 등산복을 입고 빵
과 커피로 간단한 아침식사를 한 후 집을 나섰다. 제
주의 서쪽에서 동쪽까지 자동차로 이동하는 데는 생
각보다 시간이 많이 걸렸다. 노인보호구역이나 속도
50킬로미터 제한이 많기 때문이었다. 혹시 늦을까 봐
운전대를 잡은 내 손에서 연신 땀이 났다. 한 시간 남
짓 걸려 조천읍 선흘리로 갔을 때는 다행히 예약한

시간에서 5분쯤 남아 있었다. 우리는 탐방 출입증을 받고 해설사와 함께 산을 오르기 시작했다.

"거문오름은 해발 456m이며 둘레 4,551m의 세계자연유산입니다. 세계자연유산의 자리에 오른 것은 엄청난 성과입니다. 사실 자연경관이라는 것이 아주 특별한 게 아니고서야 다 비슷비슷한 경관끼리의 경쟁이거든요. 이런 경쟁에서 당당히 이긴 겁니다."

산을 오르는 중간 중간 관람객들을 모아 놓고 해설사는 설명을 이어 갔다. 이 위대한 유산의 해설사라는 자부심도 대단해 보였다.

"거문오름은 돌과 흙이 유난히 검은색으로 음산한 기운을 띠는 데서 유래한 이름입니다. 어원적으로는 신령스러운 산이라는 뜻을 가지고 있어요. 제주도의 수많은 오름 중 유일하게 탐방객의 사전 예약제와 주 1회 자연휴식일을 지정하여 운영하고 있어요."

제1구간은 운치 있는 돌계단으로 이루어진 평범한 오르막길이었다. 그늘진 숲으로 서늘하고 시원한 바람이 불어왔다. 오르막길의 끝에 위협적인 나무계단이 나타나자 뒤따라오던 여자들 몇이 낮은 비명을 질렀다. 끊임없는 오르막의 행진이지만 그리 힘들지는 않았다. 이끼로 뒤덮인 바위에 뿌리를 내린 나무들과 수천년을 이어 온 듯한 고사리들이 산을 뒤덮고, 삼나무들은 끝이 보이지 않는 하늘을 향해 치솟아 있었다. 산으로 들어갈수록 얼핏 무질서하고 황폐해 보이지만 생태계의 온갖 경쟁에서 살아남은 생물들의 향연이 이어졌다.

"이곳 곶자왈 지형을 보세요. 곶자왈은 바위 틈새로 수분을 머금어 식물이 자라기에 좋은 환경을 갖춥니다."

산의 정상을 지나 전망대에 오르자 해설사는 더운 날씨에도 아랑곳하지 않고 다시 사람들을 불러 모았다. 거대한 분화구 오름이 만든 자연의 기적에 대한 그녀의 열정적인 설명이 더위마저 무색하게 만들고 있었다.

1구간을 지나고 2구간으로 들어섰다.

"여기가 풍혈입니다. 아마 앞으로도 종종 볼 수 있을 거예요. 풍혈은 다량의 낙반이나 암석들이 쌓여 있는 틈 사이로 바람이 나오는 곳입니다. 여름에는

거문오름 단풍나무,
제 몸에 세월이 고스란히 찍혀 있다

시원한 바람이 나오고, 겨울에는 따뜻한 바람이 나옵니다. 다리를 한번 대 보세요."

풍혈은 여러 가지 형태였지만 대체로 큰 바윗덩이 사이의 좁고 넓은 공간이나 현무암돌덩이 사이의 구멍처럼 생긴 검은 공간이 주를 이루었다. 풍혈을 지나갈 때마다 차가운 습기가 다리를 휘감았다. 몸이 뒤틀린 채로 숲을 이루고 있는 오래된 나무들을 지나고, 식나무와 붓순나무 군락지를 지났다. 어디선가 향기가 퍼져 나온다 싶어 고개를 돌리면 주변을 천천히 물들이며 번지는 누리장나무 군락이 있었다. 수억 년 동안 자리를 지킨 땅의 온기가 우리를 안개처럼 천천히 에워쌌다. 이윽고 거문오름의 중심이라는 용혈에 올랐다.

"거문오름은 조천읍 선흘리와 구좌읍 덕천리에 걸쳐 있습니다. 거문오름 용암동굴계를 형성한 모체이지요. 분화구에는 깊게 팬 화구가 있고, 그 안에 작은 봉우리가 솟아 있으며 북동쪽 산사면이 터진 말굽형 화산입니다. 바로 이곳이 9개의 오름이 말발굽처럼 둘러싸여 있는 거문오름의 한가운데입니다."

해설사가 두 팔을 앞으로 쭉 뻗었다.

"자, 이렇게 팔을 뻗고 오름과 앞으로 어깨동무를 해 보세요."

말을 잘 듣는 초등학생처럼 사람들은 모두 팔을 쭉 뻗어 오름과 어깨동무를 했다. 눈을 감고 몸을 조금씩 옆으로 돌리며 아홉 개의 오름마다 하나씩 어깨동무를 하고 그 기운을 깊이 들이마셨다. 오름의 정령들이 팔을 통해 건너와 몸을 가득 채우고 나를 빠르게 정화시키는 기분이었다.

용혈을 벗어나 길을 따라 다시 걸었다. 거문오름 곳곳에서 화산탄이 어렵지 않게 발견되었다. 집채만 한 바윗덩어리가 거대한 알처럼 산재해 있었다. 폭발 당시 공중으로 날아간 용암덩어리가 회전하면서 둥근 모양이 되어 땅에 박혔다고 했다. 모르고 봤으면 그저 그런 암석인 줄 알았을 텐데 알고 보니 사뭇 경건해지기까지 했다. 30만 년에서 10만 년 전에 형성된 돌이란다. 새삼 감격해서 손으로 이리저리 어루만져 보았다.

"자, 여기 한번 보시죠."

해설사가 일본군 갱도진지라는 표지판 앞에 멈춰섰다.

"일본군 갱도진지는 이곳 거문오름에 10군데 정도 됩니다. 태평양전쟁 때 미군의 제주도 상륙을 방어하기 위해 일본군은 거문오름을 비롯한 오름 120군데에 갱도진지를 만들었어요. 제주도를 최후의 전쟁기지로 삼은 거죠."

일본은 여기에 군사시설을 만들고 오름 전체를 요새화했다. 전쟁 당시 거문오름 일대는 일본군 6천여 병력으로 구성된 108여단 사령부가 주둔했다고 한다.

"거문오름 정상부에 서면, 해안에서부터 오름군이 파노라마처럼 펼쳐진 것을 볼 수 있습니다. 조천 서우봉과 성산일출봉도 조망이 가능하구요. 분화구 내부는 연합군에게 노출되지 않는 입지를 지닌 천혜의 요새였던 거죠."

이곳에서 일본이 전쟁을 치렀다면 오늘 우리가 오른 세계자연유산은 단 한 점도 남아 있지 않을 것이다. 제주의 아픔을 4·3으로만 기억하고 있는 내게 일본군 갱도진지는 충격과 함께 분노를 불러일으켰다. 병력이동과 군수물자를 운반하기 위해 일본군이 만들었다는 병참도로를 따라 한참을 걸었다. 원시림 같은 숲을 지나자 수직동굴이라는 표지판 앞 갈림길에서 해설사가 다시 사람들을 모으고 있었다.

"용암동굴이 수평으로 발달하는 것과는 달리 이 수직동굴은 항아리 모양입니다. 아래위 동굴 두 개의 가운데가 뚫려서 하나의 긴 터널이 되었습니다. 깊이는 35m이고요, 제주 4·3 때 오름이 사람들의 피난처가 되기도 했지만, 이곳 수직동굴에 사람들을 떠밀어 죽였다는 비극적인 이야기도 있습니다."

얼기설기한 철조망으로 얽어 놓았지만 끝이 보이지 않는 수직동굴은 무서웠다. 그 검은 심연이 문득 두려웠다. 이끼들이나 흙과 땅, 나무들 중 누군가는 알 것 같았다. 이 으스스하고 차가운 기운이 어디서 오는 것인지, 수억 년 동안 지켜온 이 땅의 비밀이 무엇인지를 말이다.

"철조망이 없었을 땐 동물도 많이 빠져 죽었을 것 같아요."

내 말에 해설사가 고개를 끄덕이며 대답했다.

"맞아요, 이곳을 예전에는 창 터진 동굴이라고도 불렀는데 여기서 빠진 염소가 이틀 뒤 바닷가 근처 월정리에서 발견되었다는 말도 있어요. 분화구에서 분출한 용암류가 구불구불 흘러가면서 이곳 곶자왈 지형과 여러 가지 동굴을 만들고 그리고 바다까지 흘러간 거죠."

그런 설명을 들으니 우리가 보고 있는 이 세계자연유산조차 빙산의 일각일지도 모른다는 생각이 들었다. 내내 선두를 따라 걷던 내 팔을 잡아끌며 경이 말했다.

"내리막길은 맨 끝에서 가자. 이 숲을 마음껏 한 번 누려 보는 거지."

우리는 옆으로 비켜서서 사람들이 지나가기를 기다렸다. 마지막 일행을 5m쯤 앞세운 채 우리는 오늘 이 시간 거문오름의 마지막 방문객이 되었다. 걷고 있는 이 길뿐 아니라 수직동굴에서 빠진 염소가 흘러갔을 오묘하고 구불구불한 땅속의 길들을 상상했다. 볼을 스치는 오랜 바람, 코끝을 지나가는 늙은 이끼,

거문오름 세계자연유산센터

나이 든 나무가 뿜어내는 진한 향기에 취하며 우리는 천천히 산을 걸어 내려왔다.

2코스에서 끝내고 우리는 하산을 결정했다. 날씨가 더운데도 3코스로 가는 사람들이 꽤 되었다. 우리는 2코스 일행의 끝에 서서 안내센터 쪽으로 걸어나왔다. 마치 태초의 땅을 지나온 듯 흥분이 가시지 않았다. 우리는 신발을 벗고 양말만 신은 채로 붉고 작은 화산흙덩이들을 밟았다. 발바닥에 닿는 화산돌들이 너무 거칠고 따가워서 비명을 지르며 나는 얼른 가장자리의 데크로 올라섰다.

"걸을 만한데?"

경은 아프다면서도 양말까지 벗고는 붉고 거친 화산흙길을 걸어 나갔다. 그 옛날 인간에게 대재앙이었을 화산 폭발은 이렇게 위대한 작품을 후손에게 남겨 놓았다. 지난밤 짜파게티 때문에 거의 잠을 못 잤는데도 지치지 않는 것을 보면, 이곳에 내 기운을 샘솟게 하는 뭔가가 존재하는 것이 틀림없었다.

탐방을 마치고 센터로 내려와서 전시실로 들어갔다. 전시실에서는 김연숙 화가의 그림에세이 〈거문오름 가는 길〉 원화전이 전시 중이었다. 금방 본 거문오름의 신비한 모습들이 화폭에 고스란히 담겨 있었다.

"그림들이 정말 환상적이다."

"하나씩 골라서 마음에 걸자."

아득하고 먼 그곳, 어떻게 보면 이 세상의 외전 같은 곳이었다. 잠깐 우리는 세상의 다른 부분에 살다 온 것 같은 기분이 들었다.

점심은 집에 가서 해 먹기로 하고 한 시간 남짓 다시 서쪽을 향해 달렸다. 경이 운전을 하고 나는 꾸벅꾸벅 졸기 시작했다. 서쪽으로 게으르게 움직이는 해가 대시보드 위에 그대로 내려앉았다. 무릎이 뜨거웠지만 나는 계속 졸았다. 얕은 잠이 이어지고 얕은 꿈도 이어졌다. 마치 새벽에 지나왔던 꿈속의 어느 한 곳인 듯 나는 조수석에 앉아 그 속의 시간들을 뭉개고 있었다.

집에 도착하자 아침에 차려 두고 나간 밥을 이제 막 먹었는지 아이들은 외출할 준비를 하고 있었다. 경이 점심으로 야채를 잔뜩 넣은 비빔국수를 만들었다. 상에 비빔국수를 올리며 경이 아이들에게 말했다.

"너희들 비빔국수 조금 먹고 가라."

"이모, 우리 금방 밥 먹어서 너무 배불러요."

그렇게 말하는 지원이를 보며 젓가락에 비빔국수를 말아 올린 채 내가 눈을 동그랗게 뜨고 말했다.

"그냥 가면 후회할걸?"

막 문을 나서려던 아이들이 키득거리며 다가와 새끼 새처럼 입을 벌리고 한 젓가락씩 받아먹었다.

"와 진짜 맛있어요, 이모."

맛있다고 호들갑을 떨며 마당으로 나간 지원이가 나를 향해 손을 흔들었다.

"엄마, 집에서 봐!"

딸아이는 저런 정감 있는 표현을 하지 않는다. 현관문을 열고 들어오면 다녀왔다는 말을 들릴 듯 말 듯 중얼거리며 제 방으로 들어가는 것이 고작이다. 저 새삼스러운 친절은 어디서 나오는 것일까. 낯선 여행지의 마법이겠지만 아이의 사소한 친절에 엄마는 괜히 뭉클해졌다.

아이들을 보내고 매운 입을 달래야 한다며 경이 또 바게트를 구웠다. 내가 아이스 아메리카노를 준비

노을에 취하면 사람들은
아무것도 하지 못한다

하는 동안 경은 발사믹 글레이즈를 넣고 송로버섯 오일을 한 방울 떨어뜨렸다. 이곳까지 와서 호사스럽게 송로버섯 오일을 먹을 수 있는 것은 경이 모든 양념을 작은 병에 넣어서 가지고 왔기 때문이다. 강한 버섯 오일향이 입안에 가득 퍼지면서 커피와 묘하게 뒤섞였다. 마당 테이블에 앉아 한가롭게 커피를 마시는 동안 제 몸을 노랗게 물들인 해가 점점 서쪽으로 떨어지고 있었다.

땀투성이 옷들을 모두 넣고 세탁기를 돌렸다. 탈탈 털어 마당 빨랫줄에 널고 바다로 나갔다. 오늘은 오른쪽의 고즈넉한 길로 들어섰다. 좁다란 골목길을 걸어 나가자 새로운 건물들 사이로 해변이 확 펼쳐졌다. 커피숍, 베이커리, 치킨집 등 불과 5분 정도 걸어왔을 뿐인데 완전히 다른 풍경이었다. 음식점과 카페들이 늘어선 거리를 지나니 하얀 모래밭에 부서지는 파도가 빨래처럼 펄럭이고 있었다.

여기는 곽지 해수욕장. 노을이 내리고 있는 하늘은 벌써 연보라빛으로 물들고 해변의 아이들은 파도와 함께 몰려갔다가 몰려오고, 패들을 타는 사람들은 바다를 가로지르며 나타났다가 사라졌다. 모래사장 가까이 질서 없이 솟아 있는 검은 돌들은 군데군데 작은 웅덩이를 만들어 마치 일부러 조성한 연못처럼 아늑해 보였다.

"여긴 내 개인 수영장 해야겠다."

"그래라. 물 무서워하는 니한테 딱이다."

바닷물이 고요히 들어앉아 일렁이는 웅덩이를 보고 내가 한 말에 경이 맞장구를 쳤다. 하얀 모래를 맨발로 밟았다. 발밑에서 벨벳처럼 부드러운 모래가 발바닥에 붙지도 않고 사그라졌다. 작은 해변을 지나자 조금 더 넓은 해변이 나타나고 그 해변 너머 바다 끝에 분홍빛 노을이 길게 펼쳐졌다. 수영을 하러 바다로 들어간 사람들이 꼼짝도 하지 않고 서서 노을을 보고 있었다. 홀린 듯 곽지의 노을을 천천히 밟으며 우리는 금성리 바다로 돌아왔다. 금성리 바닷가 끝에 위치한 무인카페에서 4천 원을 통에 넣고 달콤한 청귤차 한 잔을 샀다. 경이 재미있다며 냉장고에 붙은 계좌번호가 적힌 안내문을 소리내어 읽었다.

"잔돈이 없으면 계좌이체도 가능하대."

거문오름 탐방센터 원화전에서 봤던 것과 같은 색깔의 노을이 야외 카페의 테이블에 넓게 번졌다. 청귤차 맛을 색깔로 표현한다면 딱 저 빛일 것 같았다.

저녁은 식은 밥과 누룽지를 넣고 끓여서 먹기로 했다. 남은 생선전과 김치, 오이소박이, 그리고 마당에서 가지를 하나 따서 후라이팬에 살짝 구운 후 간장무침을 했다. 해를 오래 받아서 그런지 가지껍질이 약간 질기긴 했지만 건강한 맛이 느껴졌다.

"토요일엔 테레비지."

텔레비전을 켜고 침대에 비스듬히 기댔다. 기분 좋은 피곤함이 몰려왔다. 떠들썩한 예능인들의 수다 속으로 삼나무숲에서 뿜어지던 피톤치드향이 은은하게 맡아졌다. 몸 어딘가에 배여 왔는지도 모른다.

"오늘은 좀 빨리 자라. 어제 너 잠도 못 잤잖아."

여차하면 텔레비전을 꺼 버리겠다는 협박인지 리모컨을 들고 경이 말했다.

"그래, 오늘 피톤치드도 실컷 흡입했고 피곤하기도 하니까 빨리 자겠지. 벌써 10시가 넘었네."

무의식적으로 시계를 확인하는데 문득 낮에 우

리의 무지를 수시로 깨우쳐 주던 해설사의 말이 생각났다. 피톤치드가 최고인 줄 알았던 우리에게 그녀는 놀랍고도 새로운 사실 하나를 알려 주었던 것이다.

"삼나무의 피톤치드는 최고죠. 하지만 삼나무는 다른 나무를 죽이는 습성이 있어요. 자신은 잘 자라지만 다른 식물은 못 자라게 하는 성질인 거죠. 주위 식생을 파괴하여 음침한 숲을 만들기도 하구요, 그래서 지금은 이곳 삼나무 군락을 단계적으로 벌목하고 있는 실정이에요."

이 말을 듣는 순간 대부분의 관람객들은 믿었던 피톤치드 요정 삼나무의 배신에 허탈한 비명을 질렀다. 오해와 이해 속에 우리는 살아간다.

'까똑'

오후 5시 출발하는 비행기를 타고 간다고 했는데 잘 도착했느냐는 내 톡을 확인도 하지 않더니 'ㅇㅇ'이라는 딸아이의 너무나 간단한 답장이 이제사 도착했다. 어째 오늘 다정한 말 한마디에 혼자서 잠깐 오해에 빠져 버렸던 것이다.

신혼여행지였던
제주는

✳

새벽에 눈이 떠졌으나 다시 잠들었다. 여섯 시, 일어
나 머리를 감았다. 축축한 머리를 대충 털고 아침 산
책을 나갔다. 오늘 금성리 바다는 고요하다. 바닷길
을 따라 허리쯤 오는 긴 시멘트벽을 따라서 천천히
걷기 시작했다. 시멘트벽에는 고래와 해녀, 물고기,
해초와 만화캐릭터 그림이 재미있게 그려져 있었다.
몇 년 전 텔레비전 예능프로그램에서 촬영을 한 출연
진들이 그린 그림이라고 한다. 그림들을 구경하며 무
인카페까지 걸어갔다가 다시 정자로 돌아왔다.

어젯밤 누가 갖다 놓았는지 정자 위에 의자 세 개
가 놓여 있었다. 등받이가 있는 의자와 스툴 두 개이

다. 잠깐 앉았는데 밤새 내려앉은 습기 때문인지 엉덩이가 축축해서 얼른 자리에서 일어났다. 정자 바로 옆에 용천수 안내표지판이 보였다. 마치 비밀회합 장소처럼 제법 높은 담이 둘러쳐진 그곳에는 놀랍게도 맑은 물이 솟는 용천수가 있었다.

용천수를 돌아 골목으로 들어섰다. 좁은 길을 뒤덮고 있는 풀이 맨발목을 슥슥 건드릴 때마다 깜짝 놀라 발아래를 보곤 했다. 바닷가로 내려가니 곽금5경이라는 남당암수 표지판이 보였다. 표지판에는 샛오름의 용암이 흘러 곽지리와 금성리의 기반을 만들고 바닷가에 멈추어 금성리의 용머리를 만들었으며, 용머리에서 솟아오르는 물이 마을 사람들의 식수로 이용되었다는 설명이 적혀 있었다. 화산이 폭발하고 뜨거운 용암이 육지를 뒤덮고 깊은 땅속 어딘가의 물을 끌어올리고 그 물이 다시 사람들을 불러 모았다는 이야기다. 가장 오래된 지구의 거대한 유물을 만난 것 같은 전율이 소금기 먹은 바다 공기와 함께 온몸으로 퍼졌다.

남당암수를 거슬러 올라 골목길로 들어서는데

낯선 여자의 말소리가 들렸다.

"아니, 그냥 눈이 떠졌어. 여기? 좋아."

부스스한 머리를 풀어 헤친 여자가 정자 옆 길바닥에 퍼질러 앉아 전화를 하고 있었다. 전화가 아니라면 좋아하는 사람에게 저런 모습을 보이지는 않겠지. 피식 웃음이 났다. 젊은 날의 사랑, 그 불안한 기약 없음이라니! 옆을 지나는데 나를 인식해서인지 여자의 웃음소리가 갑자기 낮아졌다. 속삭이는 듯한 여자 옆으로 어디서 나타났는지 강아지 한 마리가 다가갔다. 관광객 손을 많이 탄 모양인지 강아지는 여자 옆으로 가서 제 등을 기댔다. 여자가 푹 삭힌 듯한 한숨을 내쉬며 말했다.

"이런 곳에…, 근이랑 같이 올 수 있음 얼마나 좋을까, 그런 날이 올까. 모르겠어, 몰라."

좋아하는 사람이랑 통화하고 있는 줄 알았는데 그게 아닌 모양이었다. 어느 관계는 평생을 가도 그 속을 모르겠는데, 채널을 돌리다가 잠깐 본 드라마 장면으로 어떤 스토리인지 한 번에 파악하게 되는 때가 있다. 흘깃 본 여자애가 놀랍게도 그사이 눈물을 훔치고 있었다. 젊은 날의 불안한 사랑은 비할 데도 아닌 것이다. 짝사랑만큼 기약 없는 게 있을까. 혼자 하는 사랑은 힘들다. 너무 힘들어서 어떨 때는 빨리 들키고 싶다. 하지만 들켜서 빨리 끝나게 될까 봐 무서운 마음이 더 크기도 하다. 그래서 늘 짝사랑은 짝사랑으로 남는다.

나는 그녀의 시야에서 퇴장하기로 했다. 좋아하는 사람의 이름 한 글자만을 부르는 것만으로도 눈물이 흐를 정도라면 '근'은 이미 그녀에게 가장 취약한 부분이 되어 버렸을 것이다. 그 약한 구멍 속으로 그녀의 온갖 감정들이 들락거릴지도 모른다. 자리를 피해 주는 것이 맞다.

집으로 돌아오니 아직 경은 자고 있었다. 야외용 테이블과 붙은 노란 의자에 앉아 하늘과 빨랫줄, 그리고 그들을 흔드는 금성리의 유유자적한 바람을 보았다. 텃밭에 심긴 채소들은 어제보다 더 통통하게 자란 것 같았다. 반들반들한 그것들에서 눈을 떼지 못하고 있는데 경이 현관 방충문을 열고 나왔다.

"산책 갔다 왔나?"

"응, 자길래 안 깨웠어."

"밥 먹자."

경은 밥을 잘 해 주는 친구다. 퇴근하는 길에 전화를 하면 맛있는 밥을 얻어먹을 수도 있다.

"오늘은 마당에서 먹자. 빵이랑 커피랑."

바게트를 노릇노릇하게 구워서 치즈를 넣어 꾹 눌렀다. 연하게 커피를 내리고 깨끗하게 썻은 사과를 썰었다. 눈부시게 노란 식탁 위에 이 집 주방에서 가장 예쁜 접시를 골라 나란히 놓는 경을 보며 나는 미소를 머금었다. 그녀는 미장센이 중요하다. 구름 띠가 지나가는 하늘과 채소밭, 검은 돌담, 빨랫줄에 매달린 빨래와 색색깔의 집게들까지 그녀가 미리 준비해 놓은 것 같은 기분이 들게 한다. 텃밭 옆에 앉아 입천장을 찌르는 딱딱한 바게트의 가장자리를 뜯으며 커피를 마시는 아침. 매미가 울고 가끔 비행기가 지나갔다.

"어제 빨래 널기 전에 빨랫줄을 걸레로 닦았거든. 그런데 걸레가 깨끗했어."

"어떻게 하루종일 비어 있는 빨랫줄에 먼지 하나

안 묻어나냐?"

"참, 지현인 언제 온다고 했어?"

지현이는 지원이와 동갑인 경의 딸이다. 그해 모든 여자아이들의 이름을 비슷하게 짓기로 했냐고 지원이는 종종 나에게 야유 섞인 질문을 하곤 했다. 친구들 중에서도 유독 '지'로 시작하는 이름이 많단다.

"아침에 공항에서 렌터카 받아서 성산에서 친구랑 놀 거란다. 같이 점심 먹자고 하네."

어쩌면 이렇게도 우연히 이 집 딸과 저 집 딸이 하루씩 번갈아 오는지 알 수 없지만 어쨌든 딸들은 그렇게 왔다. 매일 보는 가족인데 여행지에서 약속을 정해서 만나는 것은 놀랍고도 신기로운 일이다.

지현이가 예약한 식당 이름이 경의 이름과 같았다. 엄마 이름과 같은 식당을 찾아 밥을 먹자는 지현이의 어린아이 같은 마음이 느껴져 절로 웃음이 났다. 아파트 광고에 나온 딸이 대한민국의 대표적인 딸의 모습이라면 지현이는 단연코 다르다. 엄마에 대한 사랑을 표현하는 데 주저함이 없다. 이곳도 맛집으로 소문이 났는지 자리마다 사람들이 가득 차

마당에서 한 아침식사

있었다. 참기름을 넉넉하게 두른 성게비빔밥은 구수
하고 달큰하고 해물 라면과 미역된장국은 칼칼하고
시원했다. 지현이는 얼마 전에 경의 집에서 보았지만
우리는 들뜬 목소리로 서로의 안부를 물었다. 처음
보는 지현이 친구도 원래 알던 사람인양 친해져서
금방 스스럼없이 대했다. 헤픈 웃음이 넘치는 수다
스러운 식사를 마치고 우리는 각자의 차를 타고 성
산 아미엑스 전시관으로 향했다. 빛의 벙커를 보기
위해서였다.

빛의 벙커는 제주도 성산에 위치한 비밀 통신벙
커를 미디어아트 전시회장으로 재활용한 곳이다. 폐
쇄적이지만 입체적인 내부는 낭만적이면서도 웅장
한 기운을 내뿜었다. 우리가 입장했을 때에는 가로
100m의 길이와 세로 50m의 폭, 높이 5.5m의 공간
에 이미 환상적인 미디어아트가 펼쳐지고 있었다. 공
간은 스스로가 내포한 분위기만으로도 충분히 작품
속에 빠져들게 했다. 전 공간을 광대하게 울리는 배
경음악은 벽면과 천장, 바닥까지 펼쳐지는 빛의 예술
세계와 너무나 잘 어울렸다. 수십 개의 빔프로젝터가

그림 속 인물과 하나가 된 순간,
지현이가 엄마를 찍었다

위대한 예술가들의 창작품을 우리 앞으로 데려다주었다. 그것은 마치 그림 속으로 직접 발을 들여놓는 것 같은 느낌을 들게 했다. 화면은 비엔나 미술사 박물관이 되기도 하고 파리의 시가지로 바뀌기도 하며 미술작품과 오버랩되어 끊임없이 신비로운 분위기를 연출했다.

손을 뻗어 구스타프 클림트의 '키스'를 어루만지기도 하고 훈데르트바서의 동화 같은 집들 사이를 걸어 다니기도 했다. 우리 곁에 잠시 머물다 사라지는 빛그림 속에 영원히 함께 하기 위해 감동적인 그림이 나타날 때마다 사진을 찍었다.

"엄청난 미술관을 관람하고 나온 기분이다. 몇 번이라도 더 볼 수 있을 것 같아."

경은 쉽게 감동을 떨쳐 버리지 못하는 듯 출구의 기념품 가게에서 클림트의 '메다 프리마베시의 초상'이 인쇄된 마우스패드를 샀다. 한 시간 정도 관람을 마치고 기념품 가게까지 한 바퀴 돌고 난 후 우리는 햇살 밖으로 나왔다. 이후의 코스는 젊은 아이들을 따라다니는 것이란다.

"어디 가는데?"

"청년 농부들이 감귤밭을 운영하면서 귤박스를 모티브로 하여 만든 카페에요. 셀카 성지요."

"셀카 성지?"

"따라오세요!"

결코 엄마들은 알 수 없는 곳이라며 아이들은 차를 먼저 출발시켰다.

일명 귤 카페. 귤바구니를 연상시키는 큰 바구니 모양을 한 카페였다. 2층에서 주문을 하고 1층으로 내려가면 카페 밖으로 정원이 펼쳐졌다. 눈이 부시도록 하얀 벽면에 주황빛 우편함이 붙어 있는데 그 옆에 서서 사진찍기를 기다리며 줄을 서 있는 커플이 보였다. 마당은 넓은 잔디밭이고, 그 너머로 귤밭이 길게 이어졌다. 잔디밭 여기저기에도, 아직 익지 않은 청록빛 귤이 주렁주렁 달려 있는 귤밭 한가운데에도 사진 찍는 젊은이들이 가득했다. 일부 귤나무에는 사진을 찍으라고 일부러 노랗게 익은 귤 모형을 걸어 둔 곳도 있었다. 정원에 파라솔이 몇 군데 놓여 있었지만 그 아래 따로 테이블과 의자가 있는 것이 아니었다. 마당 곳곳에 놓인 귤바구니를 뒤집어 파라솔 아래에 가서 앉으면 테이블과 의자가 되고, 젊은이들은 그곳에 앉아 손바닥 가득 습기를 묻히고 아이스 아메리카노를 마셨다.

귤바구니의 용도는 다양했다. 바구니 위에 서거나 뒤집어 앉거나 그것을 들고 새로운 포즈를 만들어 사진을 찍었다. 큰 귤바구니를 뒤집어 팔을 번쩍 들고 사진을 찍는 젊은이를 보니 연극이나 퍼포먼스 공연을 보는 것 같았다. 정말 작품 사진을 찍는 것인지 카메라를 삼각대 위에 세워 두고 몇몇의 남자들이 귤바구니와 함께 여러 가지 포즈를 취하며 찍고 있기도 했다.

"제주도는 이런 식으로 사진 찍게 만들어 놓은 곳이 많아요."

"그래? 그럼 너희들은 제주도 오면 이런 델 찾아서 오는 거야?"

"그럼 어디 가요?"

해맑은 얼굴로 웃으며 지현이가 나를 보고 물었다. 하마터면 제주민속촌은 가 봤어? 정방폭포랑 천

지연폭포는? 하고 말할 뻔했다.

"이모는 제주도로 신혼여행을 왔거든. 그땐 해외 여행이 지금처럼 일반화되던 때가 아니어서 제주도는 아주 유명한 신혼여행지였지. 주말에 비행기 타면 신혼부부뿐이었어."

"그땐 제주도 어디 어디 갔는데요?"

"단체 신혼여행객들에 끼어서 민속촌도 가고, 폭포도…."

"오 마이 갓, 민속촌요? 수학여행도 아니고."

따분하다는 듯 두 아이들이 소리내어 웃더니 사진을 찍으러 가겠다며 자리에서 일어났다. 문득 그때 찍었던 그 많은 사진은 다 어디 있을까 하는 생각이 들었다. 한 장 한 장 인화한 사진을 찾아와 가로세로 맞추어 여기저기 넣었던 빛바랜 앨범이 집 안 어딘가에 있을 텐데…. 생각해 보니 그때도 촬영이란 걸 했다. 가이드가 찍어 준 신혼여행 비디오테이프는 우리가 요구한 음악 대신 삐이 하는 소음만 들어가 있어서 오랫동안 속상했던 기억도 났다. 지금은 삐이 하는 소음만 들어간 그 비디오테이프를 재생할 수도 없다. 비디오테이프가 우리 주변에서 사라진 지가 벌써 십 년도 더 된 것 같으니 말이다.

녹음 테이프와 비디오테이프뿐만 아니다. 플로피 디스켓에 넣어 두었던 쓰다 만 소설작품들은 다 저장하고 유에스비로 옮겼을까 하는 의문도 일어났다. 내가 간직한 기억들은 유독 빠르게 흐릿해져 가는 것 같은 기분이 들었다. 같은 제주도인데도 신혼여행의 기억은 너무나 멀다. 더군다나 그 장소들은 더 이상 젊은 사람들의 관심을 끌지도 못하는 따분한 곳이 되고 말았다.

"우리도 귤박스 들고 찍어 보자. 재밌겠다."

경의 제안에 나는 몸을 일으켰다. 오늘은 동헌 마당에서 태질을 하는 흉내를 내거나 소외양간 옆에서 절구를 찧는 척하며 찍었던 사진과는 다른 창조적인 연출이 필요했다. 하지만 귤박스로 창조적이라니 도저히 떠오르는 게 없어서 재미있는 포즈를 취하고 있는 커플을 엿보다가 얼른 그 자리에 가서 똑같은 포즈로 사진을 찍었다.

"저 애들과 똑같이 찍는데, 왜 예쁘지가 않노?"

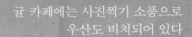

귤 카페에는 사진찍기 소품으로
우산도 비치되어 있다

노란 귤과 하얀 벽과 푸른 잔디와 진초록색 이파리의 화려한 색깔 속에 찍힌 우리 얼굴은 썩 그리 어울려 보이지 않았다. 자조섞인 웃음을 흘리며 내가 중얼거리자 진지한 얼굴로 경이 말했다.

"우리도 예쁘다."

콘텐츠가 변하면서 제주의 관광상품도 따라 변모하고 있었다. 인증 스탬프와 인증 책자를 만들어 올레길 걷기에 재미를 더하고, 전시장에는 의미 있는 체험을 할 수 있는 특이한 전시회를 개최하고, 이채로운 공간을 만들어 사진 찍는 사람들을 불러 모았다. 바닷가의 집들이나 창고들은 잡지에 나올 법한 예쁜 카페나 창이 넓은 게스트 하우스로 바뀌었고, 사람들은 그곳이 어디라도 자동차와 내비게이션을 이용해 찾아갔다. 거대한 자연풍광은 그들에게 더 이상 관심의 대상이 아니었다. 페이스북이나 인스타그램에 올릴 사진이 아니면 굳이 여행 장소로 선택하지 않는 이들도 많아졌다.

주변에 스위스 마을이 있다 해서 잠깐 들르기로 했다. 붉은 주황과 노란 색깔의 화려한 건물들이 양

쪽길을 따라 쭉 이어져 있었다. 이곳도 사진 찍는 사람들을 위해서 그린 것인지 벽마다 그림이 가득 그려져 있었다. 예쁘게 정성을 다한 것 같지만, 단순히 예쁜 것 말고 뭔가 중요한 것이 빠진 듯 마을은 쓸쓸해 보였다.

"남해의 독일마을은 사람이 늘 붐비는데, 똑같이 외국 이름을 붙여서 만든 이 마을은 왜 이리 텅 비었지?"

"요즈음은 스토리가 함께 있어야 해. 스토리텔링이 있어야 사람들이 찾아와."

한가한 마을을 보고 안타까웠는지 지현이 한 질문에 경이 답했다. 그러고 보니 이곳은 알록달록한 집들만 있을 뿐 가게들도 거의 문이 닫혀 있었다. 그럴싸하게 하드웨어만 갖추어 놓고 콘텐츠 형성에는 신경 쓰지 않은 것은 아닐까 하는 생각이 들었다. 마치 짝사랑에 빠진 사람처럼 마을은 한없이 외로워 보였다.

"찾아오는 사람들의 마음을 헤아려야지, 그저 예쁘기만 해서는 안 된다니까."

지현이 절레절레 고개를 흔들며 말했다. 예쁜 곳만 찾아다니며 사진 찍는 것이 무슨 여행이냐고 요즘 젊은 애들한테 마음속으로 조금은 흉을 봤던 것이 들통난 듯해 얼굴이 화끈거렸다. 그들은 그들 나름대로 이유와 주관이 있었던 거다. 겉보기만 좋다고 다 우르르 몰려가는 것은 아니라는 말이었다.

밥 잘해 주는
친구

＊
＊

저녁을 해결하자고 찾아간 콩국수 식당이 오늘은 일
요일이라 문을 닫았단다. 저녁은 집 근처 카페에서
해결하기로 했다. 짙푸른 제주의 여름이 가득한 길을
달리고 또 달렸다. 노랗게 지는 해가 마치 물결처럼
차 안 가득 들어차자 지현이가 제 엄마 어깨를 톡톡
두드렸다.

"엄마, 카페 가기 전에 한림항에 잠깐 들러."

"한림항?"

"응, 거기 노을이 진짜 멋지대."

"도착하면 노을이 다 지겠는데?"

"그래도 가 보자."

한림항에서 우리 뒷모습을 지현이가 찍었다
델마와 루이스 같단다

한림항에 도착했을 때 노을은 이미 스러지고 있는 중이었다. 하늘은 회청빛 얼룩무늬를 가득 부려놓고 있었다. 우리는 조용히, 드문드문 서서 노을이 지칠 때까지 제각각의 감상에 잠겼다.

금성리 정자 옆 바닷가 카페에 가서 제주맥주와 피자를 시켜서 먹었다. 경의 딸 지현이와 그 친구 민지, 그리고 경과 나. 우리 넷은 특별히 재미있지도 않은 시시껄렁한 이야기들을 나누었다. 그런데도 웃음이 났다. 사람 없는 카페라 눈치 보지 않고 큰 소리로 웃기도 했다. 지현이와 민지는 초등학교 때부터 친구라고 했다.

"우리 집이 민지 집이고 민지 집이 우리 집이고 그래요, 구분이 없죠."

엄마와 엄마 친구가 여행을 하는 장소에 함께 가도 전혀 거리낌이 없는 친구라는 것이다.

"아줌마 두 분은 언제부터 친구셨어요?"

민지가 물었다. '우리가 언제부터 친구지?' 하는 눈빛으로 경과 나는 서로를 쳐다보았다.

"우린 고등학교 때 만났어. 그때 네 명의 친구가

함께 몰려 다녔거든. 공교롭게도 두 명씩 같은 대학을 가면서 매일 보지는 못했지만 대학에 가서도 틈만 나면 넷이서 줄기차게 만났지."

"그땐 주로 어디서 놀았는데요?"

"그때라고 지금이랑 다를까? 남포동이나 서면 커피숍에서 하루 종일 수다도 떨고, 좋은 영화 나오면 얼른 극장으로 달려가거나, 가끔 오비베어 같은 맥줏집에 가서 술도 마시고 그랬지."

"오비베어요?"

"좁고 긴 탁자와 스툴만 있는 맥줏집 이름이야."

우리는 곧 추억 속의 오비베어를 헤집기 시작했다.

"그 집에선 오비 맥주만 팔았나?"

"글쎄, 그건 모르겠네, 크라운도 팔지 않았을까?"

경과 내가 주고받는 대화를 들으며 지현과 민지가 마치 너그러운 엄마처럼 지그시 보고 있었다.

"근데 그중에서도 우리가 제일 많이 논 장소는 집이야."

"친구들 집을 돌아가면서요?"

"그렇지, 또 그중에서도 제일 많이 놀러 간 집이 바로 지현이 엄마 집이야."

경의 엄마는 우리 엄마는 물론 다른 두 친구의 엄마와도 조금 달랐다. 그 시절 엄마들이 보통 가지고 있는 남편으로부터 학습된 권위적인 사고방식을 가지고 있지 않았다. 집에 놀러 오는 딸의 친구들을 두 팔 벌려 환영했고, 항상 맛있는 음식을 내주었으며 최대한 우리 입장에서 모든 이야기를 들으려고 노력했다. 나에게 경의 엄마는 부러움과 놀라움의 대상이었다. 권위적인 아버지와 봉건적인 엄마 밑에서 자랐던 나는 텔레비전에서나 볼 수 있는 이상형의 엄마를 실제로 본 것 같았다. 내 부모에게는 비밀이었던 이야기를 경의 엄마에게 털어놓았던 적도 있었다.

하지만 가끔 내가 이해할 수 없는 광경도 목격되었는데 큰딸인 경이 해야 하는 역할에 대해서만큼은 아주 단호하고 냉정했다는 것이다. 바깥 일을 하는 엄마 대신에 동생들을 보살피는 것은 물론이고 집안 살림을 할 수 있어야 한다고 경의 엄마는 생각하고 있었다. 뿐만 아니라 우리가 보기엔 완벽했던 경의 솜씨를 엄마는 전혀 만족해하지 않았다. 집에서 어쩌다 설거지나 겨우 하는 막내딸이던 나에게 경이 하는 집안일은 너무 큰 일들이어서 충격적이었다. 제삿장 보기는 물론이고 가끔 장 담그기 같은 일들도 했는데 당시 나는 그게 뭔지도 몰랐다. 한번은 겨우 고등학교 2학년인 경이 부엌에 쪼그리고 앉아 맨손으로 큰 생선을 손질하는 것을 보았다. 생선 비늘을 치고 머리를 자르고 내장을 발라 내는 경의 손길은 한두 번 해 본 솜씨가 아니었다. 나는 그것을 열여덟 살 딸에게 맡긴 경의 엄마에게 놀랐고, 경이 징그러운 생선을 만질 줄 안다는 사실에 두 번째로 놀랐다.

경의 엄마는 부모가 계시지 않을 때에도 동생들을 잘 보살피는 믿음직한 장녀가 되기를 바라는 마음에서였겠지만 그 혜택은 우리에게도 만만찮게 돌아왔다. 경의 솜씨는 나날이 발전했고, 라면이나 끓여 낼 줄 알았던 우리와는 달리 경은 확실히 수준 있는 '요리'를 만들어 우리 앞에 내놓곤 했던 것이다.

그녀는 지금도 가끔 우리에게 밥을 차려 준다. 우리가 아무에게나 밥상을 차려 주지 않듯이 밥을 해

준다는 것은 조금 특별한 의미이다. 식사를 한 끼 준비해 본 사람은 알겠지만 반찬 한 가지도 그냥 나오는 것이 아니다. 다듬고 데치고 씻고 헹구고 자르고 무치고 하는 과정을 통과해야만 우리는 한 접시의 나물반찬을 얻을 수 있다. 하물며 밥상을 차리는 일임에랴. 그것은 때로 말이 필요 없는 사랑과 위로의 또다른 표현일 수 있는 것이다.

10년 전, 『얼음꽃을 삼킨 아이』라는 장편 소설을 펴냈다. 힘든 시기를 지나온 소설 속의 인물들이 마지막에 하는 일은 함께 앉아 밥을 먹는 일이었다. 어둠의 터널을 간신히 지나온 주인공이 집에 와서 무엇을 할 수 있을까, 나는 이 마지막 대목을 놓고 오랫동안 고심했다. 아무 말도 하지 않고 그녀는 집으로 돌아와 멸치로 다시물을 내고, 호박을 썰고 된장찌개를 끓인다. 그리고 그녀는 말한다. 밥 먹자.

지금도 나는 이 대목을 읽을 때면 코끝이 시큰해진다. 자기가 써 놓고 자기가 감동 받느냐고, 웃긴다고 뭐라고 할지도 모른다. 하지만 나는 그녀가 가족에게 할 수 있는 가장 큰 위로가 밥상을 차리는 것이고, 상처 입은 가족들이 받을 수 있는 가장 큰 위로가 밥을 먹는 행위라는 것을 소설을 쓰고 난 후에 알았던 것 같다.

우리는 함께 이 집과 저 집의 밥을 먹으면서 성장했다. 고등학교 이후 같은 대학까지 사십여 년을 함께 한 친구라니 어떻게 우리는 이 긴 시간 동안 특별하게 싸우거나 삐치지도 않고 무사히 지나왔을까. 아니 그럴 리가 없다. 잠깐은 다투기도 하고 감정이 상하기도 했을 것이다. 하지만 특별한 사건(?)이 기억나지 않는 것을 보면 어린 나이에도 서로 아끼고 배려하며 그 시간들을 지나온 것이 틀림없다는 생각이 들었다.

문득 오늘 아침 잠자리에 누워 읽었던 글이 생각났다. 일찍 잠에서 깨어 스마트폰을 서칭하다가 친구 사이에도 유효기간이 있다는 제목에 끌려 클릭한 칼럼이었다. 한평생 행복하게 살자고 다짐한 부부도 이혼을 하는 마당에 평생 가는 친구가 있겠는가라고 글쓴이는 말하고 있었다. 내 외롭지 말자고 친구를 두는 건 아닌가, 그건 너무 이기적인 일이 아닌가, 친구

금성리 바닷가 카페,
수다는 끝날 줄 몰랐다

도 언젠가는 그 유효기간이 끝난다. 그러면서 글쓴이의 경험을 공유했는데 친구와 의견 차이로 사이가 좋지 않아서 사과하는 전화를 했지만 결국 그것도 형식적인 겉치레에 지나지 않았다는 것, 그래서 이 관계도 곧 끝날 것이라는 회의적인 생각이 들었다는 내용이었다. 친구가 듣기 좋아하는 말만 하고, 싫어하는 소리는 하지 않고, 그런 관계를 유지하며 사는 것은 얼마나 피곤하고 힘든 일인가, 그런 노력을 하며 친구를 굳이 곁에 두어야 하는가라는 것이 글쓴이의 논지였다.

그 글을 읽으며 나는 고개를 갸웃했다. 함께 이야기하고, 가끔은 진지하게 뭔가를 털어놓고 때로는 시끄럽게 떠들고 깔깔대고 있는 이 어린 친구들과 그리고 나의 친구를 보며 문득 그런 생각을 했다. 그러면 또 어떤가, 그렇게 서로 신경쓰며 친구 사이를 잘 유지해서 끝까지 함께 지내는 건 얼마나 좋은가. 그렇게 오래된 친구가 서로의 비밀과 서로의 외로움과 서로의 어려움을 나누며 사는 동안 잠깐 마음에 안 들때 참아 주고, 잠깐 의견이 안 맞을 때 모른 척하고,

그렇게 사는 그게 뭐 힘든가. 세상의 어떤 관계든 완벽하게 편안할 수는 없다. 부모, 형제, 자식은 말할 것도 없다. 하물며 각자 다른 부모 밑에서 다른 가치관을 배우며 자란 친구 사이는 말해 무엇할까.

"이모, 그렇잖아요. 얘는 운전 못해서 제가 다 하거든요, 그래도 같이 올 수 있는 친구가 있는 게 어디예요? 저는 정말 좋죠."

지현이가 말했다. 나는 고개를 끄덕였다. 문득 고개를 돌리니 벽 한 면을 다 차지하고 있는 통유리 바깥이 검은 바다로 뒤덮여 있었다. 제주의 온 세상이 이 카페 안으로 가득 들어온 밤이었다.

보말과 허브가 있는 바다

＊

한밤중 갑자기 쏟아진 비에 잠에서 깨어 창문을 닫았다. 다시 누웠으나 잠이 오지 않아 수면제 반 알을 깨어 물었다. 물을 마시는데 진한 로즈마리향이 입안에 가득 들어찼다. 어제 경이 마당에서 로즈마리 두어 잎을 따서 깨끗이 씻은 후 생수병 속에 넣어 두는 걸 보았는데 그 향이 우러났나 보다. 잠자리에 다시 누웠는데 숨을 내쉴 때마다 이불에도 베개에도 로즈마리향이 났다. 이 동네는 로즈마리가 집집마다 자라고 있다. 어떤 집은 마당 안 작은 화단에서 냄새를 피우지만, 대문 앞에 심어 독특한 향이 골목 주변을 온통 감싸는 곳도 있었다. 길을 지나며 손으로 스르륵 훑으면 향기가 연기처럼 피어올랐다. 손바닥을 코 가까이 대면 내 얼굴에 향기가 또렷하게 보였다.

"향기는 보이고, 소리는 맡는다."

이런 엉뚱한 소리에도 경은 맞장구를 잘 쳐 준다.

"일상에서 벗어나면 원칙도 상식도 조금씩 비껴 가니까."

이른 아침, 아이들과 경은 아직 잠들어 있었다. 맞아도 좋을 만큼 비가 내리고 있었지만 나는 우산을 받쳐 들고 해안으로 나갔다. 저만큼 길가에 쪼그리고 앉아 한참 동안 나를 보던 고양이가 휙 몸을 돌려서 밭둑으로 사라졌다. 무인카페까지 걷다 보니 안개처럼 흩뿌리던 비가 그치기 시작했다. 잿빛 바다에는 파도가 넘실거리고 그 파도 위로 어느 집 마당의 로즈마리향도 흔들렸다. 허브향과 바다를 몸에 묻히고 돌아오는 아침, 아이들을 깨워 된장찌개로 밥을 먹었다.

"정자 아래 바다에 가면 보말이 엄청 많단다. 오늘은 보말 따러 한번 가 보자."

"보말이 뭔데요?"

경의 제안에 민지가 빈 그릇을 싱크대에 담그며 물었다.

"제주에서는 고둥을 보말이라고 부른대. 보말 된 장찌개 끓여 줄게."

"아, 저는 보말이랑 고둥이랑 다른 건 줄 알았어요. 제주맛집 검색하면 보말국이 엄청 많이 뜨던데 그게 다 고둥이었단 말이네요."

준비해 온 아쿠아슈즈를 신고 반바지를 입었다. 손바닥에 빨간색을 칠한 방수장갑과 보말 담을 비닐봉지도 챙겼다. 3분이면 닿을 동네의 바다에 가서 고둥을 딴다는 사실에 우리는 벌써 들떠 있었다. 마치 소풍가는 날 어린아이들처럼 저만큼 앞서서 가는 아이들 발걸음에도 흥이 묻어났다. 아이들의 뒷모습을 보며 나는 내가 언제 고둥을 딴 적이 있었는지 기억을 헤집었다.

'다대포에서 아이들과 게를 잡은 적은 있어도 고둥을 따 보는 것은 처음이 아닐까, 그럴 리가…. 나는 태어나는 순간부터 바다와 접해 있던 사람이 아닌가.'

태어난 곳이 남해이고 자란 곳은 부산이지만 나는 바다에 전혀 정통하지 않다. 어린 시절 남해와 부산을 오가며 살았는데, 그때는 삼등석 선실 바닥에 누워 동그란 창으로 출렁이는 퍼런 물을 보며 멀미를 참는 일이 바다가 주는 감상의 전부였다. 초등학교 때 내가 아는 바다는 쓰레기와 오물이 넘쳐나던 송도 해수욕장에서 팬티만 입고 물속에 뛰어들었던 풍경으로 대변되었고, 결혼을 하고 난 뒤에는 바다보다는 오히려 낙동강에 더 가깝게 살았다.

　　고둥을 딴 적이 있는지 없는지 정확하게 기억할 순 없지만 고둥이 우리에게 얼마나 환상적인 간식거리였는지는 안다. 지금도 고둥을 떠올리면 마지막에 올라오는 쓴 뒷맛이 혀에 아릴 정도다. 국민학교라고 불리던 시절 교문 앞에서 고둥을 삶아 다라이에 산처럼 올리고 팔던 아주머니의 햇빛에 그은 검은 이마, 고깔모양으로 말아 고둥을 담아 주던 신문지 종이, 쏙 쏙 빼먹으면 혀끝에 달라붙던 동그란 껍질까지, 기억이 포도송이처럼 송알송알 이어져 올라왔다.

금성리 바다 수평선은 검은색 사인펜으로 그은 듯 짙고 선명했다. 아침 산책 때만 해도 시퍼런 바닷물로 가득하던 해안은 물이 빠져서 검은 돌들이 제 등허리를 고스란히 드러내고 있었다. 이곳의 돌은 바다든 육지든 온통 검었다. 구멍 숭숭 뚫린 검은 돌덩이 위로 파도가 부딪히면 하얀 물보라가 공기 중으로 솟아올랐다.

"제주 바다가 아름다운 것은 돌이 검기 때문이고, 제주의 노을이 아름다운 것도 돌이 검기 때문인 것 같다."

물에 젖어 더욱 검은 돌을 보며 경이 말했다.

"추상적인데?"

"아니, 전혀 추상적이지 않아. 검은색이 다른 사물을 돋보이게 하는 성질이 있잖아."

"하긴 검은색이 모든 색깔의 빛을 흡수한다는 면에서 보자면, 모든 것을 품어 준다는 말도 되네."

"그래서 제주의 돌이 아름답다는 거지."

돌 틈 사이에 보말이 따닥따닥 붙어 있었다. 슬쩍 떼서 보면 대부분 빈 고둥이었다. 빈 고둥에는 게들이 살고 있었다. 게들이 사는 빈집은 이동을 쉽게 했다. 하지만 보말은 빨리 움직이지 못하고, 떼어내면 똑 소리가 났다.

"뗄 때 포스트잇 떼는 것 같은 느낌 나는 게 진짜 보말이야."

시간이 지나자 포스트잇 떼는 느낌이 나지 않는 보말은 게의 집으로 그냥 놔두고 넘어가는 노하우도 생겼다. 하지만 큰 보말은 많이 없고 손에 잡히는 것은 모두 작은 것들뿐이었다.

"어린 것들아, 미안하다. 하지만 큰 것들이 없어서 니들을 잡아야겠다."

반은 재미로, 반은 저녁 때 된장찌개라도 끓여 먹자는 속셈이어서 정말 미안하지만 우리의 놀이는 계속되었다. 파도가 몰려와서 엉덩이를 치고 지나갈 때 아이들이 비명을 질렀다. 먼바다의 물과 뒤섞여서인지 몸에 와 닿는 어떤 물은 차고 어떤 물은 미지근했다. 가끔 고개를 들고 수평선을 바라보면 어떤 물은 돌처럼 검고, 어떤 물은 옅은 청록빛깔이었다. 아이들은 허리도 펴지 않고 보말 따는 데 열중했다. 셋 중에서 제일 실적이 저조한 나는 결국 보말 모음이로 업무를 바꾸었는데, 다들 얼마나 열심인지 비닐봉지를 이리 저리 옮기며 보말을 담기에 바쁠 지경이었다. 축 처진 비닐봉지를 들어 올리며 아이들을 부르는 내 목소리가 들이닥친 파도소리에 사방으로 흩어졌다.

"그만 가자."

보말이 가득 든 비닐봉지를 들고 물을 뚝뚝 흘리며 우리는 집으로 돌아왔다. 아이들은 씻는다고 샤워실로 몰려가고 경과 나는 젖은 그대로 마당 수돗가에 앉아 보말을 바득바득 씻었다. 한차례 바람이 불자 반쯤 젖었던 옷이 꾸들꾸들하게 말라 가는 것 같았다.

"음, 이게 무슨 냄새야."

바람에 실려 온 향기에 코를 벌렁거리며 냄새를 맡았다. 마치 오래전에 잊고 있었던 향처럼 낯설지 않았다.

"로즈마리가 아닌데?"

마당에 심어진 로즈마리향과는 다른 향이었다. 나는 일어나 돌담 밖을 보았다. 맞은편 집 화단 키 큰

나무들 사이로 작은 초록풀들이 바람에 제 몸을 마구
흔들어 대고 있었다.

"저건 뭐지?"

"라벤더네."

보말을 씻다 말고 어느새 내 옆에 선 경이 말했다.

"바람이 이리로 불지 않았으면 그냥 지나쳤을 텐
데."

"그러게, 다른 나무들 때문에 못 알아봤어. 난 그
냥 풀인 줄 알았네."

"라벤더가 서운하겠는데…."

은은한 향이 골목을 거쳐 마당에 가득 들어찼다.
경이 깨끗하게 씻은 보말을 부엌으로 들고 가 해감을
시킨다며 검은 비닐을 덮었다.

기다림에 대해

＊

＊

해가 나지 않고 바람이 부는 날은 해양 스포츠하기
딱 좋은 날이다. 점심을 먹고 누워서 게으름을 부리
다가 이것 저것 챙겨서 곽지 해수욕장으로 나갔다.
곽지는 해안이 넓고 물이 맑지만 사람이 그리 많지
않았다. 집 골목에서 해변을 향해 걸어가다 보면 마
치 영화 속의 한 장면처럼 바다가 펼쳐졌다. 우리는
발바닥에서 빠져나가는 모래의 감촉을 그대로 느끼
며 모래사장을 걸었다. 걷다 보니 모래사장 가운데에
샤워장이 있었는데 들어가 보니 남당수물이었다.

"우와, 자연 샤워장이네."

바다는 패들과 윈드서핑, 그리고 제트스키를 하

는 젊은이들로 북적였다. 패들을 꼭 하고야 말겠다며 패들 코너로 달려간 아이들은 주의사항을 잠시 듣고 는 바로 바다로 뛰어들었다. 작은 패들 위에서 미끄러져 바다에 빠지면서도 아이들은 연신 웃어댔다. 비틀대다 넘어져 패들에 몇 번씩 무릎을 박고, 파도에 중심을 못 잡아 물에 빠지면서도 재미있는 모양이었다. 경은 아이들의 모습을 사진에 담으면서 가끔 먼 바다를 보았다. 액티브한 놀이를 좋아하는 경도 분명 패들을 하고 싶을 텐데 나 혼자 내버려두는 게 마음에 걸려서 이렇게 바닷가에 서서 사진만 찍고 있을지도 모른다는 생각이 들었다.

"너도 들어가."

"뭐? 패들?"

"그래 너 좋아하잖아."

"좋아하긴 하지만 잘하진 못해."

잠시 침묵 후 경이 말했다.

"오늘은 참는다. 보말 줍느라 에너지 다 썼어. 나이 생각도 해야지… 잘못하면 다쳐."

나이 운운하며 평소답지 않게 약해진 경의 모습

을 보며 나는 깔깔거리고 웃었다.

"그래. 현명한 선택이다."

사진에 열중한 경을 두고 나는 곽지 해수욕장의 해변을 따라 맨발로 걸어 보기로 했다. 바다에는 구경할 것이 많다. 놀이를 하는 각자가 그 놀이에 흠뻑 빠져 열중하고 있기 때문이다. 아무것도 하지 않는 사람조차 아무것도 하지 않는 일에 열중한다. 수영하는 사람들, 모래로 장난을 치는 사람들, 물장구를 치는 사람들을 보던 나는 문득 바다 한가운데 윈드서핑을 하는 젊은이가 먼 바다쪽을 보며 긴장한 몸짓으로 가만히 서 있는 모습을 보았다. 무엇을 하고 있는 것일까라고 생각한 순간 높은 파도가 덮쳐 왔고, 그는 능숙하게 파도를 넘었다. 나는 아, 하고 탄성을 질렀다. 그는 가장 좋은 파도를 기다리고 있던 거였다. 가장 멋진 때를 포착하고 바로 그 순간 넘은 것이었다. 나는 기다림을 응시하는 듯한 기분으로 모래사장에 퍼질러 앉아 청년의 움직임을 지켜보았다.

문득 얼마 전에 읽은 아베 코보의 『모래의 여자』가 생각났다. 낯선 마을 노인에게 속아 주인공 남자는 모래 구덩이 속에 격리된 혼자 사는 동네 여인의 집에서 모래 퍼내기로 노동력을 착취당한다. 여러 번 탈출을 시도하지만 그때마다 실패하자 그는 가장 좋은 때를 기다리기로 한다. 함께 있던 여자와 진한 정사를 나누고 여자가 잠든 사이 탈출하지만 그는 마을을 벗어나지 못하고 다시 붙잡히는 신세가 되고 만다. 감시는 더 삼엄해지고 탈출은 꿈도 꾸지 못할 것 같은 분위기가 그를 더욱 초조하게 만든다. 하지만 기다림에는 때가 있는 법. 그날이 언제가 되더라도 그는 다시 기다려 보기로 한다. 남자는 휘날려 쌓이는 모래를 보고 바람을 보고 하늘을 보고 날씨를 보고 여자의 움직임을 본다. 그 모든 기다림의 시간이 서서히 남자를 만들어 간다. 시간이 흐르고 드디어 긴 기다림의 끝에 도달한다. 텅 빈 집, 외부로 나가는 줄사다리, 잠깐 망설이다 사다리를 타고 밖으로 나가 보지만 그는 곧 이 탈출이 의미가 없다는 것을 깨닫는다. 모래 구덩이 밖에서 자신은 이미 아무런 존재의 이유가 없기 때문이다. 그는 다시 구덩이 속으로 돌아간다.

지나고 보면 인생은 기다림의 연속이었다. 어떤 때는 너무 성급하게 들어가서 모든 걸 망쳐 버리는 때도 있었다. 때로는 너무 조심스러워서 좋은 파도가 와도 놓쳐 버리거나 방심하다 바다에 빠져 버리기도 했다. 기다린다는 것, 가장 좋은 때를 알아챈다는 것은 지금도 물론 어려운 일이다. 언제나 기다림에 익숙해지기를 원하지만 그러지 못했다. 기다림의 끝에 무엇이 있을지 모르지만 이제는 실패한 시간들도 중요하다는 것을 안다. 『모래의 여자』 속 남자처럼 그 시간들이 모여서 기다리는 법을 알게 해 주기 때문이다. 다시 한 번 파도를 타 넘으며 패들을 멋지게 회전시킨 젊은이의 모습이 눈부신 윤슬 사이로 흩어져 내렸다.

　이쪽 바다가 패들 등의 해양 스포츠가 주를 이룬다면 저쪽 바다는 해수욕이 한창이었다. 아이들과 어른들, 젊은이들이 해변에서 튜브를 타고 파도에 몸을 싣고 흔들렸다. 모래사장을 정신없이 뛰어가는 아이들이나 제 몸보다 작은 양산을 세워 놓고 잠이 든 여인도 있었다. 쉼 없이 같은 일을 반복하지만 한 번도

곽지 해수욕장의 카페

같지 않았던 파도가 그들이 놀고 있는 해변을 조금씩 갉다가 다시 토해 냈다.

해변을 걷고 돌아와 경과 함께 야외 카페의 흔들의자에 앉아 아이스 아메리카노를 마셨다. 다리를 뻗고 몸을 흔드니 먼바다가 가까워졌다가 멀어졌다를 반복했다. 먼바다로 나가 개미만큼 작아진 아이들이 여전히 패들 위에서 넘어지고 다시 일어서고 있었다. 자식들이 하면 다른 사람이 넘어지는 것과 같은 마음으로 볼 수가 없다. 경과 나는 누가 먼저랄 것도 없이 늙은이들처럼 중얼거렸다.

"다 컸다."

"뭔 소리고, 쟤들 나이가 몇인데?"

"기저귀 차고 있을 때부터 봤으니 아직 애들 같단 말이지."

"그건 그렇다."

"이렇게 눈을 못 떼겠으니 엄마한테 자식은 영원한 애가 맞나 봐."

전복등껍데기도 아기 때는 아주 작은 껍데기었을 게다. 그 껍데기가 자란다는 사실이 얼마나 놀라운

가. 아이들은 자란다. 그리고 어른이 된다. 이 단순한 사실을 깨달을 때마다 놀라울 뿐이다.

집으로 돌아와 한바탕 샤워를 하고 해감해 둔 보말을 삶았다. 냄비를 가스레인지에 올리고 주인집 아주머니한테 가서 알맹이를 뺄 옷침도 빌려 두었다. 바글거리며 끓기 시작하는 냄비를 보고 있으니 괜히 설렜다.

"학교 앞 문방구에서 산 고둥 파 먹던 어린 시절이 생각난다."

경도 나와 같은 생각을 했나 보다. 아련한 기분에 잠겨 다 익은 보말 하나를 빼서 먹었다. 그렇게 여러 번 씻었는데도 짭쪼롬한 바다냄새가 입안에 가득 퍼졌다. 미끌미끌한 속살의 감촉이 이에 와 닿는 동시에 으드득 모래가 씹혔다.

"어, 이거 뭐지?"

아이들도 모두 손바닥에 씹던 고둥을 뱉어냈다. 혹시나 싶어 몇 개 더 빼서 먹어 보았지만 마찬가지였다.

"이건 안 되겠는데?"

보말된장찌개를 포기한 오후

"아까워서라도 웬만하면 먹겠구만, 해감이 전혀 안 됐어."

짧은 침묵을 뚫고 경이 말했다.

"아, 조금만 더 기다릴걸."

바다에도 미안하고 보말에게도 미안하고, 뭔가 다 미안했다.

보말된장찌개 대신 저녁은 유튜브에 나온 맛집에 가서 돼지고기를 먹기로 했다. 고사리나물을 삼겹살과 함께 볶아서 먹는데 독특한 맛이었다. 마당에는 어미 개가 마당을 가득 메운 돼지고기 굽는 냄새 따위는 아랑곳하지 않고 잔디밭에 나른하게 드러누워 새끼들에게 젖을 먹이고 있었다. 젖을 먹는 새끼들은 차례를 잘도 기다렸다.

좋아요

* ✳

빗소리에 잠을 설쳤다. 비가 오고 천둥 번개가 쳤다. 아이들이 부산으로 가는 첫 비행기를 탄다고 새벽부터 준비하고 있었다. 공항까지 잘 운전해 갈지 걱정이 될 정도로 비가 많이 쏟아지고 있었다. 깜빡 다시 잠이 들었다가 깼다. 그리고 아침, 간밤에 무슨 일이 있었냐는 듯 해가 반짝 났다. 거실에 쪼그리고 앉아 마당에 동그랗게 퍼진 햇살을 보다가 빨래가 생각나 몸을 일으켰다. 어젯밤 세탁실에 널어놓은 빨래 건조대를 끌고 나와 햇살 아래 펼쳤다.

부엌으로 들어가 냄비뚜껑을 열었다. 반들반들한 등을 드러낸 까만 보말들이 제 운명도 모르고 옹

기종기 모여 있었다. 경은 못 먹는 음식에 대해 이렇게 관대한 친구가 아니다. 그런데 경도 아까웠던 것이다. 한나절 동안 여름 햇살을 고스란히 받으며 허리를 굽혀 딴 수고도 수고지만 이 사랑스러운 고동들을 차마 버릴 수가 없었던 것이다. 아무래도 냄비는 경이 일어나기 전에 처리해야 할 것 같았다. 보말을 삶아서 된장찌개를 끓여주겠다고 기대에 차 있던 친구가 아닌가. 그녀가 저 냄비를 버리게 하고 싶지는 않았다. 냄비째 들고 나가려다 혹시나 싶어서 보말국물을 양재기에 따라 놓고 비닐봉지에 보말을 넣고 대문을 나섰다.

거센 바람에 바다는 퍼렇고 허옇게 뒤집히고 있었다. 아직 물이 빠질 때가 아닌지 바닷물이 해안까지 밀려와서 길 위로 철썩거렸다. 정자 뒤의 오솔길로 들어가니 풀숲에 보말껍데기가 쌓여 있는 것이 보였다. 그곳에 비닐봉지 안의 보말을 쏟아 냈다. 미안하다, 보말아. 인간이 어리석어 너희를 쓸모없게 만들었다. 게들이 파 먹게 내버려 둘 걸 그랬다. 자꾸 미안하다. 쪼그리고 앉아 몸살 난 듯 몸을 뒤집는 바다를 보다가 집으로 돌아왔다.

집으로 들어오자 마치 기다렸다는 듯이 비가 쏟아졌다. 마당에 내 놓았던 빨래건조대를 얼른 세탁실에 넣고 보말이 없는 된장찌개로 식사를 했다. 설거지를 할 때쯤 되니 선심 쓴다는 듯 비바람이 잠깐 멎었다. 제주도의 날씨는 알 수 없다. 어쨌든 조금이라도 틈을 보일 때 재빨리 뭔가를 해야 한다.

"일단 마트 가자. 물이랑 반찬거리를 좀 사야겠어."

"비는 그칠 것 같지 않지? 오후에 집에만 있긴 좀 그런데…."

"비 온다고 갈 곳이 없겠나?"

"마트 갔다가 커피숍 가서 놀자."

집에 와서 장 본 것을 대충 정리하고 나니 작정을 했는지 장대비가 와르르 쏟아졌다. 이번엔 좀 미친 돌풍이었다. 비바람과 천둥과 번개가 쉼 없이 몰아치고 하늘 깨지는 소리가 쩌럭쩌럭 울렸다. 굵은 빗줄기가 땅바닥으로 내리꽂히니 애월바다가 골목을 거슬러 올라올 것만 같았다.

"나이를 헛먹었나. 천둥 번개가 와 이리 무섭노."

내 말에 시장 봐 온 고사리를 냄비에 삶으며 경이 소리내어 웃었다.

"나이랑 무서운 게 무슨 상관이 있겠나."

잠깐 그렇게 엄살을 떠는 사이 거짓말처럼 비가 멎었다.

"비 멎었을 때 빨리 나가 보자."

가까운 곳에 '봄날 카페'가 있었다. 비단 제주도뿐 아닐 것이다. 해운대나 광안리만 가도 남녀노소 할 것 없이 사진 찍기 좋은 장소에는 사람이 넘쳐난다. 심지어 유명 SNS에 올라온 사진과 같은 장소에서 사진을 찍기 위해 길게 줄을 서서 기다리는 사람들도 심심찮게 볼 수 있다. 나와 내 가족, 친구와 함께 멋진 포즈로 사진을 찍고 그 사진을 공유하며 '좋아요' 눌러 주기에 열광하는 시대에 우리는 살고 있다.

프라이버시를 강조하는 현대 사회에서 아이러니하게도 사람들은 적극적으로 자신을 홍보하는 일에 열중한다. 남들이 부러워할 만한 사진을 SNS에 올리는 것이 오늘 해야 할 중요한 일 중의 하나가 되었

봄날 카페 거리

다. 예쁘고 아름다운 사진으로만 자신을 판단해 주기를 바라며 팔로워들의 반응에 따라 그날의 기분이, 때로는 생활리듬이 좌우되기도 한다. 가끔 이런 드러냄 때문에 공격을 받기도 하지만 그래도 그들은 업로딩을 멈추지 않는다. 문득 그 사진이 일상의 전부는 아닐 텐데 아프고 부끄러운 것들은 다 어디다 숨겨져 있는 것일까 하는 생각이 들 때가 있다. 신경림 시인은 산다는 것은 '조용히 울고 있는 것'이라고 했다. SNS를 하면서 사람들은 조용한 울음을 감추었다.

언제부턴가 갈대는 속으로
조용히 울고 있었다.

그런 어느 밤이었을 것이다. 갈대는
그의 온몸이 흔들리고 있는 것을 알았다.

바람도 달빛도 아닌 것.
갈대는 저를 흔드는 것이 제 조용한 울음인 것을
까맣게 몰랐다.

산다는 것은 속으로 이렇게
조용히 울고 있는 것이란 것을 그는 몰랐다.

_신경림의 시 「갈대」 전문

　사람들은 조용히 울고 있는 것 대신에 가면을 쓰
기로 했는지 모른다. 가면을 위해 더 많은 장소가 필
요했고, 그래서 이렇게 '예쁜' 곳으로 몰려드는 것일
까. 애월 카페촌은 구석구석 포토존이었다. 동네 주
변 곳곳에 카페가 많고 아기자기한 물건을 파는 가게
들도 많은데, 골목은 그 어느 곳을 찍어도 앙증맞고
재미있는 사진이 나올 수 있도록 꾸며져 있었다. 비
가 오지만 날씨 따위는 상관없다는 듯 우산을 받쳐
든 사람들이 꾸역꾸역 모여들었다. 우산을 쓰고 때로
는 비를 맞는 수고로움까지 감수하며 그들은 여기저
기에서 사진을 찍었다.
　봄날 카페는 일종의 카페 종합센터 같은 곳이었
다. 입구에서 입장료를 내는 식으로 음료 먼저 구매

해야만 입장이 허락되었다. 골목을 사이에 두고 카페가 양옆으로 펼쳐져 있고, 통로에는 독특한 글씨나 귀엽고 예쁜 그림들을 적당하게 배치해 사진코너를 마련했다. 파란색, 녹색, 노란색 페인트를 칠한 벤치들이 곳곳에 있고, 야외에도 앉을 수 있게 테이블과 의자가 놓여 있었다. 젖어서 번들거리는 야외 테이블 너머 성난 바다를 보다가 우리는 비를 피해 실내로 들어섰다.

바닷가 언덕 위에 자리하고 있는 카페는 사방이 유리로 되어 있었다. 오늘처럼 파도가 높은 날은 유리를 뚫고 하얀 포말이 쏟아져 들어올 것 같았다. 창가에 앉아 그 모습을 보고 있으니 몸이 통째로 파도에 휩쓸려갈 것 같은 착각이 일었다. …어떤 날 저 바다는 아름다울 것이다. 상처와 외로움 우울 따위를 덮어줄 수 있을 만큼. 또 어떤 날 저 바다는 무서울 것이다. 예상하지 못한 어느 지점에서 속수무책 덮치면서도 아주 당당할지도 모른다. 굵은 비는 쉬지도 않고 유리창에 내리꽂으며 시끄러운 소리를 내질렀다. 들어온 지 한 시간이 넘었으나 그렇다고 당장 나갈 수도 없었다. 차를 주차하고 나올 때 마침 비가 잦아들어서 그냥 뛰어 들어왔기 때문이었다.

"비가 오는 날 차에서 내리면서 어떻게 우산을 들고 내릴 생각을 안 하냐?"

"그러게 말이다. 아무 생각도 없이 그냥 내렸네."

우리처럼 카페에 갇혀 버린 사람들이 셀카를 찍거나 서로를 찍어주며 시간을 뭉개고 있었다. 이미 커피와 주스를 마신 뒤였으나 녹차와 당근 케이크를 더 주문했다며 진동벨을 탁자에 올린 경이 말했다.

"지금으로선 나가지 않는 게 최선이다. 이걸로 점심 때우고, 비 그칠 때까지 기다려 보자."

이렇게 쉬운 방법도 있다. 녹차와 당근 케이크를 먹으면서 어쩌면 제주의 바다는 이렇게 비바람이 몰아쳐도 여전히 청록빛인가, 이런 감탄사를 내뱉으면서 기다리는 것 말이다. 파도는 밀려와서 검은 바위에 부딪히고 부서졌다. 누가 파도를 부서진다고 먼저 표현한 것일까, 거대한 파도가 바위와 맞닥뜨렸을 때 최선의 방어는 어쩌면 부서짐일지도 모른다.

비가 조금 숙지막해진다 싶어 밖으로 나가 지디

네가 오후 네시에 온다면,
난 세시부터 벌써 행복해지기 시작할거야

허름해 보이는 화장실 벽도
이렇게 예쁘게 꾸며 놓았다

카페라 알려진 몽상드애월로 올라갔다. 바닷가에 우뚝 서 있는 사각형의 거울 건물 아래 탁자와 의자가 놓인 야외 공간이 넓게 펼쳐져 있었다. 관람석처럼 긴 방석이 깔려 있는 계단 위로 후드득 굵은 비가 흩뿌리며 지나갔다. 카페 앞에 서니 탁 트인 바다가 보였다. 바람만 불지 않는다면 비라도 맞겠다라는 생각이 들 정도로 시원한 풍경이었다.

우리가 서 있는 바로 옆에서 연인들이 셀카를 찍고 있었다. 여자의 긴 머리카락이 산발한 채 휘날리자 행복해 죽겠다는 남자의 웃음소리가 더 높아졌다. 마음에 들지 않는지 셀카는 여러 번 시도되었다. 우리는 마치 일행처럼 둘의 모습을 지켜보았다. 지금 모습 그대로 SNS에 올라온다면 좋아요가 열광적으로 눌러질 만한 예쁜 풍경이었다. 그러면 그들은 최고 행복한 커플이 되는 것이다.

팔찌 네 개

동네를 나오는 길에 김언니라는 이름이 붙은 작은 공방에 들어갔다. 비가 오는데도 불구하고 들어가기로 한 것은 친근감 있게 써 붙인 언니라는 간판 때문이었다. 좁은 공간은 사람들로 가득 차 있었다. 액세서리, 향수, 팬시 문구 등의 제품이 주류를 이루어서 그런지 손님 대부분은 여자들이었지만 여자친구를 따라온 남자들도 종종 눈에 띄었다. 앞선 사람들을 따라 매대를 훑으며 지나는데 경이 팔찌 하나를 들어 손목에 착용하고는 내 앞에 내밀었다.

"이거 어떨까?"

나는 대답 대신 같은 모양 다른 색깔의 팔찌를

끼어 보았다. 팔찌는 작은 옥돌이 여러 개 이어진 모양이었는데 가볍기도 하거니와 조잡스러워 보이지 않았다. 이것은 함께 오지 못한 친구들과 나누어 낄 선물이다. 나는 두 개를 더 고르며 고개를 끄덕였다.

"괜찮을 것 같아."

고등학교 시절 늘 같이 다니던 친구들이었다. 나와 Y는 초등학교 동창이었고, 나와 J는 중학교 시절 쿰쿰한 지하방에서 함께 수학 과외를 받으면서 친해진 친구였다. J와 나는 같은 고등학교를 가게 되었고 다른 반이었지만 항상 함께 하교했다. 그러던 어느 날 하굣길에서 우연히 Y를 만났는데 Y 옆에는 같은 반 단짝인 경이 있었다. 그날 이후 넷은 함께 다니기 시작했다. 하교 때는 제일 늦게 나오는 사람이 올 때까지 수다를 떨며 교정에서 기다렸다. 점심시간뿐만 아니라 쉬는 시간에도 복도로 나와 만나기 시작했고, 매점에 가서 라면과 떡볶이를 먹고, 자판기 커피를 뽑아 먹었다. 야간에는 선생님의 눈을 피해 우리끼리만의 자율학습을 하느라 도서관으로 달려가기도 했고, 일요일이나 공휴일에도 공부를 핑계로 이 집, 저 집으로 몰려다녔다.

초등학교 이후 한 번도 이사를 가지 않은 덕분에 Y와 나는 여전히 같은 동네에 살고 있었다. 남부민동 산복도로 35번 버스 종점 위에 Y의 집이, 큰 도로와 35번 종점 사이에 우리집이 있었다. 야간자율학습을 마치고 아래 도로의 버스 정류장에서 내리면 우리는 가로등도 없는 깜깜한 길을 걸어서 올라갔다. 둘이어서 무섭지 않았던 것인지 서로의 이야기에 빠져서 무섭지 않았던 것인지 기억은 잘 나지 않는다. 나누던 이야기가 끝나지 않으면 우리집을 지나치고 35번 종점까지 갔다가 다시 우리집을 지나쳐 아래 도로까지 가기를 반복했다. 우리는 그때 무슨 이야기를 나누었을까. 부모님의 사소한 말다툼도 큰 고민이었던 그때는 세상에서 가장 힘든 사람이 열일곱 살인 줄 알았다.

그 시절 우리만큼 많은 추억 사진을 가지고 있는 사람이 있을까. 우리는 은행나무 벤치나 장미화단, 그리고 교정 곳곳에서 사진을 찍었다. 모자상이 있는 긴 등굣길과 밋밋한 학교 현관, 심지어 딱딱하기 그

지없는 충효 석상 앞에서도 사진을 찍었다. 필름을 이용해서 찍어야 했고, 그 사진을 인화하는 데 상당한 돈이 들었던 시절에 우리가 그런 혜택을 누릴 수 있었던 것은 모두 사진관을 운영하신 J의 아버지 덕분이었다. J의 집에 놀러가면 언제나 사진관 책상 앞에 앉아 막 인화된 사진을 자르고 계시는 아버지 모습을 볼 수 있었다. 우리가 가면 '어서 온나.'라고 하시며 그냥 웃으셨다. 아무리 바쁜 일이 있어도 묵묵히 당신 일을 하시는 모습은 지금도 기억에 인상 깊게 남아 있다. 직장을 가지면서 우리는 각자 바빴고, 결혼을 하면서 이제 친구집이 아니라 친정이 된 친구 부모님집에는 더 이상 가지 않게 되었다. 지금도 내 빛바랜 앨범 속에는 J의 아버지께서 인화해 준 사진이 가득 들어 있다. 어쩌면 그 사진들이 우리를 지금까지 이어 준 끈 같은 것이 아닐까 하는 생각을 한 적이 있다. 그것은 마치 증명서처럼 그렇게 확고하고 정확해 보이기 때문이다. 지금도 그 사진관이 그립다. 이름도 참 정겨웠다. 오륙도사진관.

계산을 하고 밖으로 나오니 비가 쏟아지고 있었

다. 우리는 주차장까지 뛰어갔다. 차문을 닫고 보니 그 짧은 순간에 옷이 흠뻑 젖어 있었다. 손수건으로 대충 얼굴을 닦고 우리는 아이들처럼 히히덕거리며 포장지를 바로 뜯어 팔찌를 하나씩 나누어 끼고 나머지는 가방에 넣었다.

"니 그 반지 아직 있나?"

"아마 있을걸."

경이 말하는 것이 무엇인지 나는 금방 알아차렸다. 대학에 들어가서 넷이서 한 달에 천 원인지 이천 원인지 모아 18K 반 돈짜리 금반지를 맞춘 적이 있었다. 우리는 매월 그 돈을 은행에 예금했는데 반지값을 거의 모아갈 즈음엔 기대감으로 거의 폭발할 지경이었다. 금방에서 반지를 찾아 남포동의 어느 다방에서 나눠 끼던 날 우리는 세상에서 가장 비싼 선물을 받은 사람들처럼 기쁜 감동에 입을 다물지 못했다. 손가락에 끼고 손을 맞춰 대 보고 마치 우리의 우정이 이제야 완성된 양 의기양양해했다. 그리고 많은 시간이 흘렀다. 누군가는 그 반지를 잃어버렸고, 또 누군가는 분명 잃어버리지 않았지만 어디 있는지 알 수 없게 되었다. 하지만 반지의 존재가 없어졌다고 할수는 없다. 반지의 섬세한 작은 줄무늬까지 그리라고 하면 그릴 정도로 각인되어 있으니 말이다. 나는 딸아이가 대학에 입학하고 얼마 되지 않았을 때 액세서리를 모아 둔 상자에서 반지를 찾아내 자기가 끼겠다며 들고 간 일을 기억해 냈다.

"내 반지는 지원이가 끼겠다며 들고 갔어. 걔가 그걸 끼겠다고 한 걸 보면 우리가 선택한 디자인이 그렇게 구식이진 않았나 보다."

경이 화들짝 놀라며 박수를 짝 쳤다.

"맞다, 그러고 보니 나도 그 반지를 지현이가 들고 갔어."

"진짜?"

"응, 언젠지 정확하게 기억은 안 나는데 들고 간 건 확실해."

이런 우연한 공통점을 발견할 때마다 우리가 친구라서 그런 건가 하는 생각이 먼저 든다.

"다시 돌려받자."

어쩌면 마디가 굵어진 우리 손가락에는 이제 맞

지 않을지도 모른다. 하지만 다시 그 시간을 돌려받고 싶다는 열망이 간절해졌다. 남편이나 자식보다 더 긴 시간을 함께 했던 사람들에 대한 경외감 같은 것이었다.

그 반지를 시작으로였을까. 얼마 지나지 않아 잃어버리거나 어디에 두었는지 몰라서 곧 잊게 될 작은 열쇠고리나 팔찌 같은 기념품들을 우리는 나누어 왔다. 아마도 그런 것 같다. 한 번도 서로에게 방어심을 내보이지 않았던 이들이 기념품을 나눠 가졌던 이 친구들이 아닐까.

청록과 분홍빛이 도는 팔찌를 끼고 약간은 들뜬 마음으로 빗속을 뚫고 집으로 돌아왔다. 비를 맞으며 어렵게 방에 들어왔는데, 물을 사 오지 않았다는 사실을 깨달았다. 아침에 물 사러 마트 갔다가 깜빡 잊고 그냥 오고, 다시 나갈 때 사 오마 했는데 또 그냥 온 것이다. 경은 저녁 식사를 준비하고 나는 물을 사러 나갔다.

비를 뚫고 집으로 돌아오니 고등어찌개 냄새가 방 안 가득 퍼져 있었다. 경이 요리한 고사리 고등어

고사리 고등어찌개 정말 맛있다,
먹어 본 사람만이 안다

찌개를 상추에 싸서 먹었다. 고사리의 향긋한 향이 그대로 밴 고등어찌개는 정말 일품이었다. 볼이 미어 터지게 쌈을 넣고 행복에 겨운 얼굴로 경이 말했다.

"고사리 넣은 고등어찌개를 어디서 먹겠노. 제주 도 아니면."

훌륭한 안주에 맥주를 안 마실 수가 없어서 우리 는 또 캔맥주를 땄다. 팔찌를 낀 팔목을 맞대고 건배 를 하며 깔깔 웃었다. 늦게 게으른 설거지를 하고 있 는데 주인아주머니가 복숭아를 한 봉지 갖다 주셨다. 받아 들었더니 제법 무거웠다.

"이게 좀 싱겁다, 오이 먹는다 생각하고 먹어요."

오이? 경과 눈이 마주쳤다. 복숭아를 오이처럼 먹 으라는 비유가 생뚱맞았지만 먹어 보니 싱겁다는 면 에서 정확한 비유라는 것을 깨달았다. 다만 오이처럼 상큼한 맛이 없다는 게 조금 문제긴 했다.

"꼭꼭 오래 씹어 봐. 뒷맛이 달아."

경의 말처럼 오래 씹어서 삼켰다. 뒷맛이 깔끔하 지만 달다는 데는 쉽게 공감하지 못할 정도로 여전히 싱거운 복숭아였다.

초록이
또렷해지면

*

지난밤 빗소리는 상상 초월, 나는 제주도가 태평양 어딘가로 둥둥 떠내려가는 줄 알았다. 콩 볶는 듯 엄청난 빗소리에 깨어 한동안 잠을 설쳤다. 잠을 설치는 그 긴 시간동안 빗소리는 방 안에 빈틈없이 들어찼다. 이 비는 도대체 언제까지 나를 두렵게 할 작정인가. 이런 두려움은 원초적인 것이다. 집이 떠내려갈 걱정을 하거나 바닷물이 넘쳐 집 마당까지 넘실거릴까 봐 두려워하는 것이다. 아, 이곳은 만만한 곳이 아니구나 이런 생각을 하면서 억지로 잠을 청했지만 위협적인 빗소리는 완전히 잠을 장악해 버렸다.

아침에 일어나니 비는 한결 부드러워져 있었다.

빈 빨랫줄에 드문드문 달린 빨래집게를 건드리니 물방울이 똑똑 떨어졌다. 우산을 쥐고 아침 산책을 나섰다. 이 동네에 오고 나서 아침마다 하는 일이라 그런지 이젠 제법 습관처럼 느껴졌다.

어젯밤 비가 올 때는 바다가 넘칠 거라 생각했다. 물이 들어와서 검은 바위들을 적시고 있긴 하지만 해변에 찰랑거리는 눈금은 어제 아침과 비슷했다. 비가 아무리 많이 온다고 해도 바다는 그냥 바다인 것.

집으로 돌아오니 경이 영어방송을 틀어 놓았다. EBS 아침 영어공부 시간이다. 아침잠이 많은 경은 아마 비몽사몽 간에 저 방송을 듣고 있을 것이다. 저 소리는 우리가 지금 있는 이곳이 여행지가 아니라는 것을 상기시켜 준다. 걸레를 가지고 와서 물기를 닦고 의자에 앉았다. 흐린 하늘 또닥또닥 가끔 떨어지는 빗방울, 노란 탁자와 의자, 그리고 빨랫줄과 작은 텃밭, 문득 지금 이 순간만큼은 이것이 세상의 전부라는 생각이 들었다. 지난밤의 두려움 따위는 찾아볼 수 없는 평화로운 곳이었다.

크로와상과 커피, 사과 두 쪽과 싱거운 복숭아를

꼭꼭 오래 씹으며 간단히 식사를 마쳤다. 식사를 마치자 비가 다시 내리기 시작했다. 빗방울이 굵지는 않지만 어젯밤의 기세로 보거나 지금까지의 경험으로 볼 때 곧 장대비로 돌변할 것 같은 분위기였다. 그런데 경이 갑자기 비를 맞자고 했다.

"비를? 옷 다 젖을 텐데?"

"수영하러 바닷물에 들어가나 비 맞으나 젖는 건 똑같잖아. 비 맞고 이 동네를 한 바퀴 걸어 보자."

왜?라는 질문 대신 나는 경을 보았다. 문득 스물 몇 살의 어느 여름날, 친한 동료와 쏟아지는 장대비를 맞고 강변을 걸었던 생각이 났다. 같은 직장을 다니며 같은 집에서 자취생활을 했던 친구였다. 갈등을 최소화하여 함께 살기 위해 우리는 나름의 규칙을 만들었는데 퇴근 후의 시간들에 대한 것이었다. 우리는 각자가 하고 싶은 일을 우선 배려한다는 데 동의했다. 퇴근 후 함께 밥을 해 먹고 그 친구는 서실로, 나는 원고지 뭉치를 들고 도서관으로 갔다. 서실에서의 시간이 끝나면 친구가 도서관으로 와서 무섭고 어두운 골목길을 걸어 함께 집으로 왔다.

하지만 항상 그 루틴을 따른 것은 아니었다. 일탈도 만만찮게 잦았는데 그날도 그런 날들 중의 하나였던 셈이다. 가족을 떠나와 타지에서 생활을 한 우리에게 비가 오거나 눈이 오거나 바람이 불거나 하는 현상들은 당연하다는 듯 감성을 자극했다. 우리는 비구경 하러 가자는 핑계로 우산을 들고 근처 강변을 거닐었다. 강가에 도착하자 비는 거세어졌고, 하나의 우산이면 충분했던 둘의 몸은 사방으로 몰아치는 비의 공세에 속수무책으로 젖어들기 시작했다. 접자, 둘 중에 한 명이 들고 있던 우산을 접었다. 그게 누구였는지 정확하지는 않지만 아마도 키가 나보다 조금 더 컸던 그 친구가 아니었을까 생각한다. 우산을 접는 순간 우리는 깜짝 놀라고 말았다. 그 작은 우산이 생각보다 넓은 공간으로 두 사람을 지켜내고 있었다는 사실 때문이었다. 우리는 금방 홀딱 젖었다. 젖은 서로의 몸을 보고 우리는 깔깔거리고 웃기 시작했다. 비가 몰아쳐서 그런지 사방은 금방 어두워지기 시작했고 강변에는 아무도 없었다. 다리 위를 지나가는 사람 몇몇이 정신 나간 여자아이들을 지켜보고 있을

지도 모르지만 상관없었다. 그들 중 누가 우리를 미쳤다고 해주는 것이 더 좋았다. 급기야 나중에는 소리를 지르며 뛰어다녔는데 부끄럽지도 않았다. 이것은 우리만의 특권이라고 생각했다. 뭔가가 한꺼번에 다 씻겨 내려가는 기분이었다. 울었을 수도 있었다. 빗물인지 눈물인지 그 누구도 알 수 없었으므로….

　　나는 그 뒤로 한 번도 그런 경험을 한 적이 없다. 분명 그것은 남부끄러운 짓이라고 이미 내가 결정해 버렸기 때문이다. 그리고 무엇보다 이제는 비를 맞는 게 싫어졌다. 비를 맞고 걷는 것은 상상하기도 싫었다. 하지만, 나는 잠깐 생각에 잠겼다. 마음은 비 맞기 싫다는 소리를 해대고 있었지만 나는 벌써 젖어도 좋을 옷으로 갈아입고 있었다. 용기 같은 게 필요할지도 모른다. 지금 타성에 젖은 이 시간을 벗어나고 싶다면, 비를 맞는 행위가 어울리지 않는다고 생각한다면….

　　우리는 집을 나섰다. 비는 세차게 내리지도, 적게 내리지도 않았다. 마을은 비에 조금씩 젖어 들고 있었다. 비 맞은 건물 윤곽과 길가 허브의 초록빛은 더 또렷해지고, 바닷가 울타리에 그려진 그림은 새로 칠한 듯 선명해졌다. 이 비를 맞으면 우리도 또렷해지는 것일까. 거울 속에서 나이 들어가는 것을 확인하는 일은 가끔 우리를 절망하게 한다. 가장자리가 지워지고 얼굴 윤곽이 조금씩 흐릿해져 가는 나이 든 여인의 모습을 어느 날 발견할 때 우리는 화들짝 놀란다. 문득, 오늘 나도 저 벽화처럼 밝아지고 선명해질지도 모른다는 깜찍하고 발랄한 생각이 들었다. 그런 생각으로 걷는데 나도 모르게 점점 기분이 좋아지고 있었다.

등대까지 걷는다, 때론 뛴다. 비는 그치지 않는다. 멀리 눈을 드니 먼바다는 카메라에 필터를 얹은 것처럼 포근해져 있다. 울퉁불퉁한 바닷가의 돌들을 눈으로 쓸어내리며 등대를 돌아 나온다. 허름한 풀이 가득한 카페 마당에 하얀 피아노 한 대가 비를 맞고 있다. 이런 비현실적인 풍경은 뛰고 있는 우리마저 비현실적으로 만든다. 뛰어서 집으로 온다. 눈으로 마구 빗물이 들어간다. 손으로 얼굴을 씻어 내린다. 비는 조금 더 거세어진다. 집에 와서 세탁기를 돌린다.

빗속을 달려서 그런지 몸이 으슬으슬했다. 샤워를 하고 나자 경이 곤드레가지밥을 해 주겠다고 했다. 어제 마트에서 산 곤드레 나물을 냉장고에서 꺼낸 경이 마당으로 나가더니 부추 한 웅큼과 가지, 빨간 고추를 하나씩 따왔다. 행복한 나른함이 밀려왔다. 빨래를 개키며 소파에 앉아 깜빡 잠이 든 것 같기도 했다. 도마 위 칼질 소리와 빗소리가 잠과 현실의 경계를 휘저었다.

"밥 먹자!"

곤드레가지밥에 고추와 부추를 다진 양념장을 넣어서 슥슥 비벼 먹었다. 고소하고 상큼한 맛에 반해 두 그릇이나 해치웠다. 비를 맞아서 그런가, 밥을 두 그릇이나 먹어서 그런가 알 수 없는 뿌듯함이 마구 차올랐다.

오늘 일은 약간의 용기가 필요했다. 지나가던 사람들이 우리를 힐끔거리고 쳐다보는 것도 신경이 쓰였다. 하지만 비를 맞는 일에 용기가 필요하다는 사실을 예전엔 생각하지 못했다. 우산이 없으면 편의점 앞에 잠깐 차를 세우고 우산을 사면 된다. 비 맞을 생각이 없으니 용기라는 단어를 생각하지 않는 것은 너무나 당연했다. 이렇게 간단한 일을 우리는 큰 용기가 있어야만 가능하다고 생각하는 것은 아닐까. 또렷해지는 일은 어쩌면 아주 간단한 일일 수도 있었다.

맥주 두 캔과
꼬깔콘 한 봉지

*
*

비가 조금 숙지막해진 틈을 타서 우리는 밖으로 나갔
다. 목적지는 항몽유적지였다. 6월엔 해바라기로 절
정을 이루던 유적지 화단이 지금은 백일홍으로 흐드
러지게 만발했다는 블로그 정보를 얻고 나선 길이었
다. 막상 항몽유적지에 도착했지만 백일홍은 보이지
않았다. 우리는 토성을 쌓았던 흔적을 따라서 걸어
보기로 했다. 오락가락하는 빗속에서 젖어 있는 길을
따라 걷다 보니 때 이른 코스모스 무리가 가는 바람
에 하늘거리며 피어 있는 것이 보였다. 대단한 애국심
으로 이곳을 찾은 것이 아니었다. 그런데 한없이 연
약해 보이면서도 기어이 꽃을 피워 올린 코스모스 앞

에 서니 문득 몽고에 대항한 삼별초, 40년간 싸웠다
는 그들의 외로움이 고스란히 느껴지는 것 같았다.

원종 11년(1270) 고려는 39년간 끈질긴 항쟁 끝
에 몽고와 강화를 맺게 되고, 굴욕적인 강화를 반대
한 삼별초는 배중손을 중심으로 진도로 들어가 투
쟁을 계속한다. 여몽연합군에 의하여 진도가 함락되
자, 새로운 지도자 김통정 장군은 삼별초를 제주도
로 옮기고 항파두리 토성을 축성하며 군사력을 재
정비한다.

제 나라에서조차 버림받은 그들이 조국을 적의
손에서 구하고자 하는 행동이란 어떤 것이었을까. 얼
마나 두려웠을까. 그래도 그 두려움을 밖으로 내비치
지 못했을 것이다. 두려움이 얼마나 전염성이 강한지
누구보다 잘 알고 있었을 테니 말이다.

항몽전시관과 유적지를 한 바퀴 돌고 주차장으
로 들어설 즈음 우리는 한쪽 구석에서 '비밀의 정원'
이라는 작은 팻말을 보았다. 바로 그곳에 백일홍이
있었다. 비를 맞아 더욱 선명한 백일홍이 주황색, 주
홍색, 노란색, 보라색, 연분홍색, 하얀색 등으로 다양

항몽유적지 백일홍

하게 피어 꽃이 주는 화려함의 절정을 이루고 있었다. 꽃밭을 향해 폰의 셔터를 눌러 보지만 프레임 속에는 그 아름다움이 다 담아지지 않았다. 이리저리 꽃을 찍던 경이 실망한 표정으로 말했다.

"꽃이 다 안 찍어진다."

꽃이 가진 본연의 아름다움을 담아내기에 스마트폰은 너무 단순한 기계라는 말인 것 같았다. 사 년 된 스마트폰이지만 과도한 욕심만 부리지 않는다면 우리를 충분히 만족시킬 수 있다고 자랑하는 경의 스마트폰도 아쉬운 때가 있는 모양이었다.

"제주엔 초등학교를 알록달록하게 색칠해 놓은 곳이 많더라. 더럭분교가 그중 유명한데, 곽금초도 꽤 알려져 있더라고. 가까이 있으니까 한번 들러볼래?"

곽금초등학교는 마침 집 근처라서 지나가는 길이기도 했다. 이번 여행은 무계획의 일상을 즐기는 것이다. 그러므로 사진도 무거운 카메라는 두고, 가장 손쉽게 이용할 수 있는 스마트폰으로 찍자고 했다. 스마트폰 사진찍기를 인상깊게 배웠다는 경의 첫 번째 철칙은 '욕심 부리지 말자'이다.

"스마트폰이 허락하는 만큼만 찍어 보자."

학교 건물은 전체가 파스텔톤이지만 보색 대비
가 아름다운 색감으로 도색을 한 곳도 눈에 띄었다.
넓은 잔디밭의 눈부신 초록이 학교를 더욱 돋보이게
만들었다. 아무도 없는 운동장에 갑자기 번개가 치고
천둥이 꽈르르거렸다. 몇 컷 찍다 말고 우리는 서둘
러 자동차 안으로 몸을 밀어 넣었다.

집에 와서 저녁을 준비하는데 비 틈새로 반짝 해
가 났다. 이곳의 날씨는 하루에도 변덕을 몇 번 부리
는지 알 수 없다.

"언제 또 저 해가 숨고 비가 쏟아질지 모른다. 해
날 때 나가 보자."

저녁 먹은 설거지도 하지 않고 테라 맥주 두 캔과
꼬깔콘 한 봉지, 수건 두 개를 비닐봉지에 넣고 바닷
가로 나갔다. 주황빛 해가 주변 하늘을 노랗게 물들
이며 나타나는 시각이었다. 해는 점점 바다로 떨어지
는 중이었다.

작은 가방을 대각선으로 멘 아가씨가 정자 위에
서 석양을 찍고 있었다. 수건으로 정자 위에 놓인 의

자의 물기를 닦았더니 갑자기 고맙단다. 같이 앉자고 하는 의미로 받아들였나 보다. 캔맥주 하나를 꺼내서 줬더니 감사합니다 하고 받았다. 어디서 왔어요?라고 경이 물었다.

"저는 인천에서 여행왔어요."

"혼자서 다니면 무섭지 않아요?"

"아뇨, 무섭지는 않은데, 밥 먹을 때, 감탄하고 싶은 멋진 풍경을 봤을 때, 그럴 땐 혼자 온 게 조금 아쉽죠. 하지만 내 마음대로 아무 데나 갈 수 있고 자유롭잖아요. 좋은 점이 더 많은 것 같아요."

"아, 그래요?"

"네, 상대방 신경 안 써도 되고."

"나도 젊었을 땐 혼자 여행하는 게 꿈이었는데 지금은 그럴 엄두가 안 나네요."

"왜요?"

"좀 두렵고 그렇네요."

"두렵다면 구체적으로 어떤 거요?"

"글쎄…, 외로운 거?"

혼자 하는 여행에 대한 두려움이 외로움이라는

것에 동의할 수 없었는지 내 말에 대꾸도 없이 아가
씨가 화제를 바꾸었다. 붙임성이 좋은 아가씨였다.

"어디서 오셨는데요?"

"우리는 부산 살아요."

"부산에도 해운대 같은 멋진 바다가 있는데 이곳
제주 바다가 그렇게 좋으세요?"

"인천에도 바다가 있잖아요."

우리는 마주 보고 웃었다. 바다는 바다지만 다 같
은 바다가 아니지 않냐고, 해운대가 멋지긴 하지만 제
주 애월 바다는 또 다른 매력이지 않냐고, 이 노을은
또 얼마나 아름답냐고 우리는 이야기했다. 조용하지
만 화려한 노을이 스러지자 인천아가씨는 잘 마셨다
는 인사를 남기고 그만 가 보겠다며 몸을 일으켰다.

"한담산책로를 걸어서 가 보려고요."

"어두울 텐데 조심해요."

"괜찮아요, 산책로에 불이 훤하게 밝혀져 있대요."

우리는 저 나이 때에 혼자서 여행하는 것은 상상
도 하지 못했다. 결혼을 하고 난 후에는 아이를 키우
느라 숨 쉴 틈도 없이 바빴다. 어쩌다 시간적 여유가

금성리, 의자가 세 개 놓인 정자에
노을이 오면…

주어지면 그 시간을 가득 채울 것이 무엇인지에 골몰하느라 더 바빴다. 사건 사고 뉴스를 보면 알 수 없는 막연한 두려움에 몸을 떨기도 했다. 이제야 이런 여유를 찾았지만 정신없이 바빴던 젊은날이 하나도 후회스럽지 않았다. 우리는 지금 우리 곁에 다가온 이 너그러운 여유와 조금은 굳건해진 것 같은 멘탈이 좋았다. 자기가 쓰레기를 버리겠다며 굳이 빈 캔을 들고 가는 그녀의 손에서 캔을 뺏어 들고 우리는 그곳에 어두워질 때까지 앉아 있었다.

바다에 취하고

오늘도 호우주의보란다. 어젯밤 내내 비가 오더니 아침에도 쉼 없이 내렸다. 경이 잠든 것을 보고 누룽지를 물에 불려 놓고 집을 나섰다. 우산을 쓰고 골목을 따라 걷다 보면 끄트머리에 야트막한 돌담이 있는 집이 있다. 바닷가 내려가는 골목길의 끝 집이다.

그 집 마당에는 사람들이 지나가도 짖지 않고 이쪽으로는 관심도 두지 않는 말간 눈을 가진 누렁이가 살고 있다. 며칠 전에 눈을 맞춘 뒤로 우리는 계속 만나고 있었다. 내가 돌담을 우산 끝으로 똑똑 두드리면 누렁이가 나를 쳐다보았다. 그래서 처음 만났을 때 개의 이름을 똑똑이라고 하기로 했다. 비가 억수

비 내리는 김녕 성세기 바다,
홀로 선 빨간 등대가 아름답다

같이 쏟아지는데 집에도 들어가지 않고 누렁이는 마당에 서서 비를 맞고 있었다.

"아 — 똑똑아, 비 다 맞잖아. 멍청하게 왜 빨랑 집에 안 들어가는 거야."

그래도 그를 멍청이라고 부르지 않고 똑똑이라고 불러 주었다. 비를 맞아 털이 후줄근하게 몸에 달라붙은 똑똑이는 불쌍해 보였다. 집에 들어가라고 손짓을 했지만 가끔 고개를 갸웃거리며 나를 보고 있을 뿐 비 따위는 상관도 하지 않는 것 같았다.

"그래, 내가 가면 빨리 집에 들어가라."

똑똑이와 인사를 하고 바닷가로 갔다. 남당수 뒤편으로 돌아가니 바글거리며 기어다니던 갯강구들이 놀라 한꺼번에 사라졌다. 그곳에 서서 바다를 보다가 집으로 돌아왔다.

오늘은 렌터카를 반납하고 다시 빌려야 한다고 했다. 1주일 이상 차를 빌리면 장기렌트가 되는데 그렇게 되면 렌트비가 비싸진다는 것이다. 반납 후 다시 렌트를 하고 거기서 가까운 김녕 성세기해변에 가기로 했다. 가는 동안 비가 그칠 것이라는 기대감이 있었지만 김녕에 도착해도 비는 쉴 새 없이 쏟아지고 있었다.

바닷가로 들어서자 하얀 모래에 청록색 바다가 튀어나온 듯 펼쳐졌다. 우리는 길가에 차를 세우고 밖으로 뛰어나갔다. 아, 저 바다 색깔을 뭐라고 해야 할까. 우리가 익히 학습한 색으로는 저 물빛을 규정 지을 수가 없었다.

"물빛이 이렇게 맑을 수 있다니 와, 정말!"

바다가 이렇듯 맑고 색이 고운 것은 아마도 바다 밑바닥에 깔린 흰모래 때문인 것 같았다. 바다는 모래만큼 부드러웠다. 곱고 아름다운 바다였다. 풍력 발전기의 거대한 바람개비가 우리를 먼 이국의 어느 해안에 데려다 놓은 듯했다. 커피숍 주차장에 주차한 후 우산을 쓰고 방파제 끝까지 걸어 나가 보았다. 물 빛은 해안보다 더 짙어서 깊은 숲의 나무들이 즙을 짜낸 것처럼 맑고 진했다. 손을 담그면 금방 초록빛 이 주루룩 흘러내릴 것처럼 유혹적인 바닷속에서 누 군가는 거센 빗줄기를 맞으며 수영을 하고 누군가는 스쿠버다이빙을 했다.

커피숍 통창으로 바다가 고스란히 보였다. 창에 붙어 앉아 초콜릿향이 나는 커피를 마셨다. 커피숍 책꽂이에서 경이 책을 한 권 들고 왔다. 영어로 된 요리 레시피였다.

"우리 음식에 비하면 서양 요리는 참 간편하잖아. 우리 음식이 건강하고 느림의 미학을 가지고 있다고는 하지만 바쁜 현대인들, 특히 직업을 가진 주부들한테는 참 어려운 요리법을 가지고 있는데 말야."

경이 반색을 하며 책을 펼쳤다. 경은 영어와 요리에 관심이 많으니 그 책은 경에게 안성맞춤인지도 모른다는 생각이 들었다. 어쩌면 그 책 속의 요리를 언젠가는 얻어먹게 될 수 있을지도.

경은 책을 읽고 나는 먼바다에서 천천히 돌아가는 바람개비와 청록의 바다를 보았다. 아무리 오랫동안 보고 있어도 지루하지 않은 풍경이 있다. 내 눈이 바다 빛에 물이 들 즈음 경이 요리책을 덮고 일어났다.

일요일날 문을 닫아서 가지 못했던 방주할머니 식당에 가서 손두부와 콩국수를 먹었다. 밭에서 직접

농사지은 콩으로 제주의 깨끗한 바닷물을 길어다 두부를 빚는다는 설명이 벽에 붙어 있었다. 적당히 단단한 두부는 부드러운 입자가 씹히는 훌륭한 맛이었다. 양념장을 찍지 않고 그냥 먹었을 때 그 맛이 훨씬 고소하고 담백했다. 콩칼국수 국물 역시 같은 재료여서 그런지 적당한 농도와 간이 맛을 더했다. 다만 면은 너무 쫄깃해서 내 입맛에 조금 맞지 않았다.

식사 후 우리는 광치기 해변으로 향했다. 가다가 비가 계속 오면 가지 않을 생각이었는데 비가 조금씩 그치기 시작했다. 광치기 해변은 말로만 들었지 처음 가보는 곳이었다. 해변이라고 해서 당연히 넓은 모래 사장이 있을 줄 알았는데 그게 아니었다. 몰려든 차들로 빈 곳이 없어 어렵게 주차를 하고 해변에 내려섰을 때 우리는 눈앞에 펼쳐진 비경에 놀라 헉 하고 소리를 내질렀다. 그곳은 모래가 단단히 퇴적되어 마치 물결처럼 거대한 지층을 이루고 있는 듯 보였다. 어느 곳은 풀과 이끼가 자라고 어느 곳은 갈라져서 조각이 나고 그 조각들 사이로 물이 흐르고 있었다. 사구인 줄 알았던 해변이 사실은 용암이 바다와 만나

빠르게 굳어져 형성된 지질이라는 것은 집에 와서 인터넷 검색을 해보고 난 뒤에 알게 된 사실이었다. 특히 밀물과 썰물 때의 광경이 확연히 다른데 우리가 왔을 때는 다행히도 물이 빠진 상태여서 바닷물에 가려져 있던 용암 지질과 녹색 이끼가 연출하는 절경을 모두 볼 수 있었다.

오랜 현무암의 풍화작용으로 해변에 넓게 펼쳐진 모래는 검었다. 그 모래 위에 서서 바다를 보았다. 바다 한가운데 우뚝 서 있는 성산일출봉은 단연 우리를 압도했다. 어린 시절 한때 성산포에 한 번도 가보지 않았으면서 이생진 시인의 「그리운 바다 성산포」를 줄줄 외우고 다녔던 적이 있다. 술은 내가 마시는데 취하기는 바다가 취한다는 시인의 글귀를 외우며 자취하던 룸메이트에게 낭만 젖은 주정을 하기도 했다.

성산포에서는 남자가 여자보다
여자가 남자보다 바다에 더 가깝다
나는 내 말만 하고 바다는 제 말만 하며

광치기 해변에서 본 성산일출봉

술은 내가 마시는데 취하기는 바다가 취하고
성산포에서는 바다가 술에 더 약하다

_이생진 시 「그리운 바다 성산포 I」 일부

　성산포에서는 푸른색 이외엔 손을 대지 않는다고
시인은 말했다. 시인은 분명 저 모습을 보았을 것이
다. 장엄하고 고요한 풍광은 마치 우리를 태고의 시
간 너머로 데리고 가는 듯했다. 화산 작용으로 바닷
속에서 솟아난 성산일출봉이나 사구처럼 다져진 아
름다운 작은 땅들은 경이로움 그 자체였다. 감동을
작은 폰카메라로 다 담지 못한 아쉬운 마음을 안고
우리는 광치기 해변을 떠났다. 하지만 운전을 하는데
도 눈앞에서 바다는 여전히 출렁였다. 우리는 바다에
취해 있었다.

　가는 길에 '소심한 책방'에 들렀다. 가정집을 개
조해서 만든 조그마한 공간에 장르별로 책을 꽂아 놓
은 곳이었다. 예쁜 카드나 엽서 소품도 눈에 띄고 여
행서나 마음이 끌릴 만한 제목을 가진 에세이들도 있

었다. 이리저리 훑어보다가 문학 코너 쪽으로 갔는데 생각보다 책들이 괜찮았다. 시골 서점 주인의 의외의 안목에 약간 놀라 책들을 살펴보다 나는 유시민 작가의 여행서 두 권을 꺼냈다. 열흘을 살러 온 애월 금성리댁 둘에게 선물한다면 안성맞춤일 것 같았다.

이 동네에 특이한 책방이 한 군데 더 있다 하여 종달초등학교 뒤편으로 차를 몰았다. 작은 그림책 서점인데 책방 이름이 '책약국'이었다. 그림책으로 다친 곳을 치유하라는 뜻일까. 주인도 없는데 문이 열려 있었다. 보기만 해도 위로가 되는 장정의 그림과 마음을 끄는 책 제목들, 금방 자리를 뜬 듯 주인의 빈자리에 펼쳐진 시집 한 권까지. 그런 것들만으로도 책방 이름이 제 의미를 다한 것 같아 마음이 푸근해졌다.

순이삼촌
이야기

*

아침에 집을 나서면서 경에게 오늘은 4·3유적지에
들르자는 말을 했는데 그 말을 뱉은 이후로 하루종
일 마음이 무거웠다. 너븐숭이 4·3유적지 주차장은
교사연수단 중형버스가 한 대 서 있을 뿐 지나다니는
사람이 하나도 보이지 않을 정도로 한적했다. 전시관
에 들어가 전시물을 둘러보고 있는데, 모여든 사람들
앞에서 해설사가 4·3에 대한 이야기를 하고 있었다.

"토벌대의 무력충돌과 군경의 진압 과정에서 3만
여 명의 제주도민이 학살된 사건이라는 건 선생님 여
러분도 잘 알고 계실 겁니다."

뒤에 서서 해설사의 설명을 함께 듣다가 우리는

제주 4·3은 한 편의 소설로
세상에 알려지게 된다

무리에서 빠져나왔다. 밖으로 나오자 출입구에서 가장 가까운 곳에 애기무덤이 조성되어 있었다. 제대로 수습하지 못한 수십 구의 아기 시신들이 묻혀 있다는 곳…. 우리는 잠시 눈을 감고 짧은 묵념을 올렸다.

우리가 잘 몰랐던 제주 4·3은 한 편의 소설로 세상에 알려지게 된다. 1978년 현기영 작가는 『순이삼촌』이라는 소설을 〈창작과 비평〉에 발표한다. 소설은 그동안 금기시되던 제주 4·3을 세상에 알리는 계기가 되었지만 작가는 연행되어 모진 고문을 받고 책은 판금 조처가 된다. 『순이삼촌』은 1949년 1월 군경토벌대가 제주도 북촌리 주민 400여 명을 집단 학살한 사건을 배경으로 한 소설이다. 소설의 주인공 '순이삼촌'은 그 현장에서 시체더미에 깔려 기절했다가 기적적으로 살아남는다. 그때의 트라우마로 불안과 공포에 시달리던 그녀는 결국 30년 전 학살터였던 자신의 보리밭에서 자살로 생을 마감한다.

광복 직후 제주사회는 민심이 극도로 악화되어 대규모 총파업이 일어난다. 이것을 남로당의 선동으로 본 미군정이 강공책을 추진하자, 1948년 4월 3일

남로당 무장대가 경찰지서와 우익단체 요인들의 집을 습격하고, 이후 5·10 선거 거부를 주도한다. 이에 정부는 중산간 지대를 통행하는 자는 무조건 폭도로 간주하겠다는 포고문을 발표한다. 약 4개월 동안 토벌대는 95% 이상의 중산간 마을에 불을 지르고 노인, 어린아이 할 것 없이 살상하는 초토화 작전을 펼친다. 한라산에 숨어든 폭도 이백여 명을 잡겠다고 삼만여 명의 사람을 희생시킨 것이다.

『순이삼촌』은 그 과정 속에 있는 북촌 마을 이야기이다. 폭도들이 발붙일 근거를 없앤다는 명목으로 군경은 학교 운동장에 사람들을 모은 후 옴팡진 밭으로 몰아가 총을 난사한다. 마을 전체에 불길이 솟아오르고 피하지 못한 가축들의 울음이 하늘을 찌른다. 4·3의 비극이 더 참혹한 것은 이념이 무엇인지도 모르는 양민들이 무장대와 토벌대 양쪽 모두에게 희생되었다는 점이다.

문득 '순이삼촌'이라는 제목 속에는 우리가 쉽게 저지를 수 있는 오해가 숨어 있다는 생각이 들었다. '순이삼촌'은 여자다. 제주도에서는 친한 친척을 남녀

가리지 않고 삼촌이라 부른다. 제목은 4·3의 진실에 대해 오해를 품고 있는 이들을 향한 작가의 외마디 비명 같은 것이 아닐까.

역사의 폭력 앞에 인간과 자연은 모두 파괴되었다. 오늘 우리가 보아 온 해변들은, 그 아름다움들은 모두 가짜인 것인가…. 4·3 당시 중산간지역에서 흘러내린 살인의 피로 해변은 모두 붉게 물들었다고 했다. 우리가 감탄했던 김녕 해변이나 광치기 해변도 마찬가지였을 것이다. 그날의 처절한 피를 머금은 채 그들은 그저 가장된 평화를 우리에게 내보인 것일까. 죽음의 시간이 응고된 채로 존재하는, 숨막힐 듯 아름다웠던 풍광들이 보여 준 역설에 부르르 몸이 떨려 왔다. 우리가 두려움을 느꼈다면 그것은 아름다움 깊숙이 품은 잔인한 역사를 외면해 왔기 때문이다.

전시관을 둘러본 사람들이 애기무덤 앞으로 몰려 오고 있었다. 애기무덤을 둘러보는 사람들 뒤에서 해설사는 다시 울분에 찬 목소리로 말을 이었다.

"핏물이 강을 이루고 해변이 붉은물로 가득 차 흘렀습니다. 그런데 이제는 평화와 공존이라고 합니다. 선생님, 이제 평화로 들어서야 한다고 그렇게 말하네요. 초등학교 6년 내내 나를 폭행하고 죽일 듯이 괴롭혔던 반 아이를 몇십 년 뒤에 만났어요. 이제 세월이 흘렀으니 그 아이가 나보고 용서하라고 잘 지내보자고 평화롭게 살자고 하네요. 용서가 될까요? 용서는 누가 하는 건가요? 어떻게 해야 그 아이와 평화롭게 지낼 수 있는 건가요?"

그때의 참사가 아직도 생생한데, 어찌 감히 평화를 말하겠느냐고 해설사는 항변했다. 문득 평화라는 말은 얼마나 많은 위선을 내포하고 있으며 그 위선은 또 얼마나 위험한 것인지 생각해 보았다. 가장된 평화는 어디에나 있어 왔다. 가족이나 친구와의 관계에도, 직장동료나 상사와의 관계에도, 국가 간의 이해관계에서도 우리는 무섭고 위험하고 지저분한 것들을 두꺼운 모포로 덮고 그것을 평화라고 부르고 있지 않는지….

얼마 전 어느 교양 프로그램에서 현기영 작가는 '아우슈비츠보다 더 무서운 것은 바로 아우슈비츠를 잊는 것이다'라는 말을 인용하며, 4·3을 기억해야 함

오늘 노을은 멍이 든 듯 슬펐다

을 강조했다. 역사를 잊은 민족에게 미래는 없다고
했다. 역사는 다른 모습으로 또다시 반복될 수 있기
때문이다.

　돌아오는 길은 막혔다. 러시아워였다. 앞 차의 브
레이크등으로 세상은 온통 붉었다. 조수석에 앉아 스
마트폰에 오연준의 '고향의 봄'을 검색했다. 몇 년 전,
동요 경연 프로그램에서 제주도 아이인 오연준이 부
른 노래였다. 청아하면서도 애잔한 아이의 목소리에
는 짙은 슬픔이 묻어 있었다. 아이는 2절을 개사하여
불렀는데, '나의 살던 제주에 봄이 오며는 돌담 사이
봄바람 청보리 물결~'이라는 가사였다. 돌담 사이 청
보리 물결…, 순이삼촌이 숨진 그 청보리밭에도 진정
한 봄이 올 수 있을까. 아이의 청아한 목소리가 작은
차 안에 가득 찼다.

　금성리에 도착하자 해가 지고 있었다. 우리는 집
으로 가지 않고 해변으로 바로 차를 몰았다. 오늘, 해
가 진 금성리 바다 노을은 멍이 든 듯 슬퍼 보였다.

햇살 가득
한담산책로를 걷다

*

늦잠을 좋아했는데 어느 순간 없어졌다. 눈을 뜨면 6
시 즈음이다. 자리에 누운 채로 어제 산 책을 펼쳤다.
작가는 서문에서 여행을 하려면 도시가 하는 말을 알
아들을 수 있어야 한다고 했다. 도시의 건축물이 텍
스트라면 텍스트에 대한 해석이 콘텍스트라는 것이
다. 작가는 문자 텍스트를 읽을 때 콘텍스트를 함께
살피려고 노력하는 것처럼 여행 준비를 했다고 했다.
여행을 계획하고 그 속에서 뜻밖의 발견을 하는 기
쁨에 대해서 쓴 부분에서는 절로 고개가 끄덕여졌다.
나 역시 해외여행 중 뜻밖의 발견을 한 경험이 있기
때문이다. 그것은 항상 생각지도 않게 튀어 나왔다.

그 발견이 주는 즐거움은 생각보다 오래가서 여행이 끝나고도 한참 뒤까지 이어졌다. 잘못된 길로 접어들어 아차 하고 발등을 찧는 순간에 그 실수가 도리어 값진 경험을 제공하는 경우였다.

인도 영화 〈런치박스〉를 보면 이런 대사가 나온다. '잘못 탄 기차가 우리를 목적지로 인도한다.' 잘못 전달된 도시락으로 인연을 맺은 두 사람이 스스로를 돌아보며 새로운 삶을 위한 용기를 내게 된다는 내용의 인상 깊은 영화였다. 우리는 어쩌면 낯선 곳에서 새로운 사람을 만날 수도 있고, 그 사람이 길을 잃은 내게 엄마처럼 손을 내밀 수도 있다. 상상하지 못한 설렘을 맛보고, 누군가 와서 끌어당긴다고 해도 계속 그 자리에 서 있고 싶은 그런 풍경을 만날 수도 있는 것이다. 간혹 가던 길에 쉼표를 찍고 잠시 다른 길로 돌아간다고 하더라도 그것이 잘못된 길이라고 누가 말할 수 있을까.

한 번은 해외 자유여행 중에 길을 잃고 헤매다 지쳐 물을 마시느라 고개를 들었는데 바로 눈앞 건물과 건물 사이 빨랫줄처럼 이어진 철근에 작은 조각품이

매달려 있는 것을 보았다. 알고 보니 아주 유명한 조각가의 작품이었다. 나는 물병을 든 채로 꼼짝도 않고 한참 동안 서서 그 작품을 감상했다. 그 조각품이 훌륭하게 느껴져서가 아니었다. 물을 마시는 우연한 순간 그 조각품이 내 눈에 들어왔다는 사실이 눈물겹도록 감격스러워서였다.

"하지만 이번 여행은 아니야."

나는 낮게 중얼거리고 책을 덮고 자리에서 일어났다. 나 역시 이 책의 저자처럼 계획하고 공부하고 여행을 떠났다. 하지만 이런 여행도 있다. 잘못된 길로 들어서서 새로운 경험을 할 확률은 많지 않지만 이렇게 뒹굴고 그래도 시간이 남으면 산책을 나가는 것.

잠옷 위에 셔츠를 걸치고 골목을 나서서 곽지 해수욕장까지 걸었다. 오늘은 비가 오지 않을 모양이었다. 하늘이 개기 시작했고, 구름 사이로 가느다란 햇살이 비쳤다. 하지만 파도는 높았다. 바다는 성난 적군처럼 무섭게 달려오고 있었다. 하얀 포말을 일으키며 줄지은 파도의 굽이가 세 개, 네 개, 다섯 개 달려

오다가 해변에서 모래와 뒤섞여 한순간에 스러졌다. 말발굽 소리와 함께 물안개를 일으키며 몰아치는 파도를 보다가 집으로 돌아왔다.

아침 식사로 계란 두 개씩과 사과, 복숭아를 먹었다. 삼십 분쯤 지나자 선명한 햇살이 마당에 가득 차더니 곧 뜨거운 기운을 뿜어냈다.

"오늘은 한담산책로를 한번 걸어 볼까?"

한담산책로는 애월리 한담 해변에서 곽지 해수욕장까지 해안을 따라 조성된 길이다. 제주도에서 연안 정비사업 계획하에 도민과 관광객들이 바다에 좀 더 친숙하게 접근할 수 있게 한다는 취지로 2001년에 조성했다고 한다. 우리는 집에서 가까운 곽지 해수욕장에서 애월 한담 해변 쪽으로 걷기로 했다.

집 골목을 벗어나서 오른쪽으로 돌면 바로 해변 올레길이었다. 바다를 낀 해변 데크를 따라서 걷다가 한담산책로로 들어섰다. 입구를 지나자마자 수평선부터 해안까지 에메랄드빛으로 물들인 바다가 기다렸다는 듯이 나타났다. 햇살은 산책로에 가득 쏟아져 내리고, 짠내를 머금은 해풍이 사방에서 불어왔다. 해

햇살 가득한 한담산책로

안에는 어느 유명관광지에 내놓아도 손색이 없을 정도의 기이한 현무암 돌덩이들이 끝없이 펼쳐져 있었다. 제주도 해변의 돌들은 이 정도는 보통이라는 듯 무심하고 시크한 모습이었다. 일그러지고 뒤틀리면서 온갖 형상을 만들어 낸 검은 바위들은 파도에 씻겨서 먼 빛에도 반짝거렸다.

워낙 기이한 형상이 많아 길을 가다 보면 재미있는 동물 이름이 붙은 바위도 만날 수 있었다. 고양이 바위, 하마 바위, 악어 바위, 황금고래 바위 등의 이름이다. 이름을 보고 바위를 보면 딱 그 형상에 맞는 동물이 웅크리고 앉은 모습을 상상할 수 있었다. 이런 동물 이름 외에 곽금3경이라는 타이틀을 가지고 있는 바위도 있었다. 치소기암(鴟巢奇岩). 한 마리의 솔개가 하늘을 향해 힘찬 날갯짓을 하려는 듯 눈을 부릅뜨고 있는 모습이라고 했다. 누구라도 안내판을 읽게 되면 고개를 갸우뚱하면서도 바위에 새겨진 희한한 무늬를 따라 솔개의 모습을 찾아낼 수밖에 없을 것이다.

걷고 있는 오른편은 온통 보숭보숭한 강아지풀

산책로 강아지풀은
누군가를 기다리는 것 같다

로 가득한 밭이고, 검은 돌담을 휘감은 넝쿨이 피워 올린 보라색 작은 꽃들이 산책길 왼편으로 한동안 이어지기도 했다. 가끔 파도가 경계선을 넘어 풀썩 산책길 위로 떨어지면 비명을 지르며 흩어진 사람들이 깔깔거리며 뛰어서 지나갔다. 모래사장이 조성된 작은 해변에 투명 카약이 여러 대 묶여 있는 모습도 보였다. 이곳에서 카약을 타거나 서핑을 하기도 하는 모양이다.

사진을 찍으며 한적하게 걷느라 집에서 출발한 지 한 시간쯤 지났을 때야 우리는 산책로의 끄트머리에 도착했다. 산책로의 끝에 있는 카페 2층으로 들어갔다. 여러 개의 나무 문으로 장식한 카페의 테라스는 곽지 바다를 향해 활짝 열려 있었다. 의자에 앉아 발을 뻗으면 발끝에도 바다가 걸리고 손끝에도 바다가 걸리는 집이었다. 경이 사진을 찍으며 계속 바닷빛에 대해 감탄을 했다. 똑같은 바다를 본 지가 벌써 팔 일째인데, 바다는 한 번도 같은 모습을 보여 주지 않았다. 햇살이 부서지며 파도에 몸을 싣고 해안으로 끝없이 밀려들었다. 바다는 일 분 일 초도 쉬지 않고 계속 변화하고 있었다. 대화 없이 앉아 있는데도 전혀 지겹지 않은 이유였다.

돌아오는 길도 마찬가지의 감탄을 자아냈지만 햇살은 사정없이 따가웠다. 몸이 땀으로 흠뻑 젖어들었다.

"와, 늦더위가 장난 아니다. 아직 여름은 가지 않았다 이거지."

"아름다운 바다, 눈부신 햇살, 멋진 길이었다."

"꼭 한 번 더 가 보고 싶네."

길 잃을 염려도 없이 정해진 올레길을 따라 걷다가 돌아왔다. 짧은 왕복길이었지만 우리는 햇살 반짝이는 바다 어딘가에 아주 중요한 뭔가를 놔두고 온 느낌이 들었다. 그래서 다시 가야만 할 것 같았다.

이곳에 앉아 바다를 보면
시간 가는 줄 모른다

너는 춤추고
나는 책 읽고

집으로 와 점심으로 라면을 먹었다. 건강을 생각해서 안 먹으려고 했지만 혹시 아쉬울지 몰라 사두었던 라면을 버리고 가기 아까워서 먹기로 한 것이다. 나이가 든다는 것을 깨달을 때가 바로 이런 때인 것 같다. 먹는 음식의 종류에 대해 죄책감과 책임감을 함께 느끼는 것이다. 운동에 대한 강박도 마찬가지다.

"어쩌다 라면은 괜찮겠지?"

"물론이지. 오늘 산책 겸 운동했으니까 먹자."

가스불을 켜는데 샤워한 것도 무색하게 다시 땀이 쏟아졌다.

"안 되겠다, 에어컨 켜자."

"그래야겠다. 날씨가 이리 더워서 어디 나가지도 못하겠다."

"비가 올 때는 비가 온다고 투덜댔는데, 해가 나니 더워서 못 나가겠다고 하고….."

"사람 변덕이 참….."

집에서 할 수 있는 일이 무엇일까 생각하다가 우리는 에어컨 돌아가는 방에서 할 수 있는 일들을 하기로 했다. 경은 휴대폰으로 음악을 틀어 놓고 라인 댄스를 추기 시작했고, 나는 아침에 서문을 읽고 접어 두었던 유시민 작가의 『유럽 도시 기행』을 펼쳤다. 첫 번째 도시 아테네는 내가 가 보지 않은 도시였다. 나는 책을 뒤로 넘겨 이스탄불 편을 찾았다.

터키의 이스탄불은 내가 처음으로 계획하여 떠난 자유여행지였다. 낯선 도시의 불면의 밤, 설핏 잠이 들었던 어느 순간 들었던 그들의 기도소리를 나는 지금도 선명하게 기억한다. 창밖은 아직 차가운 새벽빛도 와 닿지 않은 채 깜깜했지만 소리는 마치 주문처럼 방 안으로 서서히 스며들었다. 흐느끼는듯 하면서도 처연한 노래였던 그 기도소리는 내가 마주한 이스탄불의 첫 모습이었다. 새벽마다 나를 깨웠지만 시차로 인한 여행의 피곤함과는 별도로 나는 그 소리를 기다렸다. 나의 이스탄불은 그런 신비로운 충만함으로 시작되었다.

하지만 작가는 그렇지 않은 듯 이스탄불에 불만이 많아 보였다. 도시가 고유하게 지녔던 문화적, 종교적, 민족적 다양성이 사라진 현재의 모습에 안타까워하고 있었다. 나 역시 계획을 하고 나름 역사공부를 하고 떠났지만 이스탄불을 여행하면서 그런 느낌을 가진 적은 한 번도 없었다. 어떤 비판적 시각도 없이 나는 오로지 감동하고 감탄할 준비만 계획하여 떠났다. 나와 다른 시각으로 보는 작가의 글이 흥미로우면서도 어느 부분에서는 약간의 반감이 솟기도 했다. 오랜 시간이 지났지만 그때의 감동이 아직도 선연하게 남아 있기 때문일 것이다.

한참 책을 읽다 말고 나는 고개를 들었다. 닫힌 문 안에서 흘러나오는 경쾌한 라인댄스 음악 때문이었다. 라인댄스는 경이 새롭게 시작한 운동이었다. 특별한 파트너 없이 라인을 맞춰 추는 춤으로 전신운동이 되면서도 몸에 무리가 가지 않아서 좋다고 했다. 음악과 함께 할 수 있는 운동을 찾던 경이 집 근처 라인댄스 교습소를 발견한 것은 1년 전쯤이었다. 무엇을 하든지 한 번 꽂히면 최선을 다하는 경은 교습 후 집에서도 연습을 철저히 했다. 음악소리가 끝나자 송글송글 땀이 맺힌 얼굴로 경이 문을 열고 나왔다. 정확하게 6시 30분이었다. 지금 출발하면 한림항 석양을 시작부터 놓치지 않고 다 볼 수 있을 것이다. 지난 일요일 지현 일행과 잠깐 보았던 한림항을 맑은 날 다시 보자고 미루어 두었던 터였다.

한림항의 노을은 이제 막 시작이었다. 동그란 해가 비양도 오른편으로 서서히 내려앉고 있었다. 붉은 노을은 보랏빛, 연보라빛, 분홍빛과 섞이면서 시시각각 다른 색깔을 만들어 냈다. 차마 쳐다보기 힘들 정도의 눈부신 태양이 동그란 제 얼굴을 드러내며 구름 사이로 고개를 빳빳이 들더니 곧 수평선 아래로 스며들 듯이 내려갔다. 날씨와 하늘과 구름의 변덕에 가슴 졸였지만 이번 여행 내내 우리를 실망시키지 않았던 노을, 열심히 카메라에 담지만 우리는 안다. 저것

을 눈에 담아야 제대로 느낄 수 있다는 것을. 바닷속
으로 해가 떨어지고 난 뒤에도 비양도 하늘은 아우라
를 두르며 오묘한 빛을 발산했다. 하지만 바다는 금
성리처럼 쉽게 붉어지지 않았다.

　"이 바다는 너무 깊구나, 금성리처럼 붉은 물을
담기엔."

　감상에 젖은 내 말에 침묵하던 경이 말했다.

　"협재 해수욕장에서는 비양도가 어떻게 보일까?"

　"해가 졌지만 협재로 한번 가 볼까?"

　"남은 노을이 협재에서 보는 비양도를 어떻게 만
들지 궁금하다."

　벼르고 있던 한림항이었는데도 마음이 금세 바
뀌어 우리는 협재 해수욕장으로 차를 몰았다. 협재에
도착하니 주황빛 노을이 비양도 왼편으로 길게 펼쳐
져 있었다. 주황빛은 점점 더 진해졌다. 해변에서 뛰
노는 아이들이 노을 속으로 물들어 갔다. 곳곳에 연
인들이 카메라를 맞추며 노을을 배경으로 사진을 찍
고 있었다. 바다쪽의 작은 돌들을 밟고 삼각대 위의
카메라를 조정하고 연인에게 뛰어가는 남자의 뒷모

습에도 노을이 짙게 어른거렸다.

　그때 어디선가 긴 울음 같은 소리가 들렸다. 소리가 노을을 헤치고 뻗어 나가는 듯 하늘의 무늬가 순간 바뀌었다. 나는 가만히 서서 귀를 기울였다. 누군가가 멀리서 노래를 부르고 있었다.

　이스탄불에 대한 작가와 내 감성이 일치하는 부분이 있었는데 바로 '아잔'이었다. 아잔은 매일 다섯 번 사람이 종탑에 올라가 메카를 향하여 기도시간을 알리며 소리치는 것을 뜻한다. 낮에 책을 읽으며 발견한 단어인데 마치 처음 보는 낱말인 양 생소했다. 아마도 여행할 당시에는 알고 있었겠지만 익숙하지 않아서 까먹은 게 틀림없었다. 내가 이스탄불의 새벽에 처음 들었던 그 기도소리가 바로 아잔이었다. 작가는 우리의 전통 시조창과 사찰의 독경소리를 적당히 섞어서 판소리 스타일로 부르면 아잔과 비슷하게 들릴 것이라고 했다. 붉은 노을이 번진 옛 제국의 수도에서 이어지는 아잔을 들으며 이런 맛에 여행하는 것인가 싶은 만족감이 차올랐다는 것이다.

　나는 수년 전 새벽 이스탄불의 아잔을 떠올리며

황홀한 일몰의 아름다움 속에는
사람의 마음을 건드리는 '무엇'이 있다.

협재 모래사장에 앉아 비양도를 보았다. 이런 맛에 여행하는 것인가…. 장소가 그리 중요한 것은 아니었다. 절절한 누군가의 노랫소리가 비양도의 노을을 더욱 애잔하게 휘감고 있었다.

노란길이 있는
마을

낮과 밤의 기온차가 극명하게 갈리나 보다. 마당에
나가 아무 생각 없이 의자에 앉았는데 엉덩이가 축
축해서 깜짝 놀랐다. 어젯밤 비가 내린 것도 아닌데
의자 위에 이슬이 잔뜩 내려앉아 있었다. 아침 기온
도 꽤 낮았다. 슥슥 팔뚝을 손으로 쓸며 골목을 나섰
다. 어제와 비슷한 시각에 나갔는데도 물때가 사리
인지 바닷물이 빠져 길에서 가까운 쪽의 현무암 덩
어리가 고스란히 드러나 있었다. 해안으로 내려가
보니 바위의 움푹한 틈에는 물이 고여 있고 아주 작
은 새끼 보말들이 여기저기 점처럼 붙어 있는 것이
보였다. 문득 인간만 아니라 자연과 사물들도 이동

하고 있다는 생각이 들었다. 계절의 변화가 느껴지는 아침이었다.

"두맹이 골목 사진이 블로그에 많이 나와 있네. 오늘은 여기 한번 가 볼까?"

"감천문화마을 같은 건가?"

"맞아, 예전엔 잡초와 풀이 우거져 제주에서 가장 낙후된 골목이었다고 해. 그런데 2008년 두맹이 골목 프로젝트를 추진하면서 벽화마을이 탄생했다고 써 있어."

내가 블로그를 보여주며 이야기하자 경이 반색을 하며 말했다.

"사진 예쁘게 나오겠다."

두맹이 골목은 공항과도 가까워 쉽게 찾을 수 있는 곳이다. 제주항과 동문 재래시장이 인접해 있는 일도 2동 도심지에 위치한 약 1km 구간으로 제주시 일대의 숨은 비경 31 중 하나로 선정한 곳이라고 한다. 마을의 빈 벽에 주제나 화풍이 다른 화가들이 자신만의 특징을 살려서 그림을 그려 놓아 다채로운 경험을 할 수 있도록 해 놓았다는 설명이 덧붙여져 있

도로시의 노란길 못지 않게 친절한 두맹이길

었다.

하지만 정작 두맹이 골목 앞에 도착하고 보니 동네는 넓고 길은 양 사방으로 뻗어 있어서 어디서부터 시작해야 할지 난감했다.

"골목이 복잡하고 이리저리 얽혀 있어서 시작점을 못 찾겠다."

걱정을 내뱉으며 오른쪽 골목으로 들어서는데 우리 입에서 아 하는 낮은 탄성이 터져 나왔다. 길바닥에 커다란 숫자가 적힌 노란선이 그려져 있었던 것이다. 선은 『오즈의 마법사』에서 도로시가 걷던 노란 벽돌길만큼 넓었다. 마치 이 길을 따라 걸으면 위대한 마법사를 만날 수 있을 것 같은 동화적인 느낌이었다. 와, 이건 도로시의 노란길이야, 라고 내가 말을 하자 경이 감탄하며 대답했다.

"나 같은 길치를 위한 길이네."

골목마다 바닥에 넓은 노랑색과 주황색 선으로 벽화를 볼 수 있는 번호길을 만들어 놓았다. 1번부터 번호를 따라가면 마을 곳곳에 배치된 벽화들을 놓치지 않고 다 볼 수 있었다. 그림들은 스토리를 가지고 전시되어 있었는데 각 코너마다 기억의 정원, 제주 바다, 연인의 길 같은 제목들이 친절하게 안내되어 있었다. 말뚝박기나 딱지치기를 하는 옛날 아이들 그림이나 '로보트 태권브이'나 '우주소년 아톰', '들장미 소녀 캔디' 같은 옛 정취가 물씬 풍겨 나오는 만화주인공도 생생하게 그려져 있었다. 숟가락을 이어붙여 만든 돌고래 형상의 작품도 놀라웠고, 한라산 꼭대기에 앉으면 두 다리가 바다에 닿았다는 설문대 할망이야기를 형상화한 그림도 아주 익살스러웠다. 제주 바다의 눈부시게 아름다운 풍경뿐 아니라 눈에 잘 띄지 않는 들꽃이나 풀벌레, 무당벌레 등 자연 속의 작은 미물도 마치 주인공인 양 큰 얼굴로 제 자리를 당당하게 차지하고 있었다. 대문 옆의 좁고 작은 공간이나 금이 간 벽 사이, 굴뚝, 전봇대까지 캔버스의 일부로 활용하여 그림을 그린 점도 인상적이었다.

번호를 따라 골목을 돌자 초등학교 학생들이 그린 협동화와 자신의 이름과 장래희망을 그려 넣은 타일이 기다란 벽을 가득 장식하고 있었다. 마을을 만

전봇대가 아닌 줄…

들기 위해 고사리 작은 손들까지 정성껏 모였다는 느낌이 들어서 더욱 감동이었다. 인근의 3개 초등학교 1,500여 학생의 그림이 벽화로 제작되었다는 설명이 작품 옆에 친절하게 붙어 있었다. 부산의 감천문화마을이나 통영의 동피랑도 유명한 벽화마을이다. 분위기는 비슷하지만 이곳은 왠지 어릴 때 살던 동네 같은 느낌을 주었다. 동네 전체에 넓게 분포되어 있는 벽화 찾는 재미도 쏠쏠했지만 앞으로 그려질 빈 공간을 찾아보는 것도 재미있었다.

"여기 그려도 되겠다."

우리는 돌담의 거칠지만 넓은 공간, 아직 칠하지 않은 큰 대문집의 하얀 벽돌담 등 남아 있는 빈 도화지들을 찾아내기 시작했다. 앞으로 어떤 그림들이 이곳에 그려질지 궁금증과 기대감이 차올랐다.

"여백이 있는 동네라 더 좋은 거 같아."

하지만 두맹이 골목의 맹점은 그늘이 없다는 것이다. 뜨거운 햇살 아래에서 더이상 돌아다니는 것은 무리여서 집에 와서 점심을 해결하기로 했다. 차 안은 찜솥처럼 펄펄 끓고 있었다. 집으로 가는 길에

근처 무지개 해안도로를 한 바퀴 돌았다. 용담 해안
도로라는 정식 명칭이 있지만 파란 바다를 배경으로
무지개 시멘트블록이 늘어서 있어서 무지개 도로라
고 불린다고 했다. 지나가려다 주차장에 차를 세우
고 무지개 도로를 배경으로 사진을 한 컷 찍었다. 길
게 이어진 빨주노초파남보 무지개 도로는 그림 동화
책 속의 한 페이지처럼 선명했다. 하지만 은빛으로
빛나는 파란 바다를 배경으로 담장에 앉아 낚시를
하는 어린 소년의 동상이 무색할 정도로 뭔가 아쉬
운 점이 있는 풍경이었다. 도로 위에 길게 그어 놓은
알록달록한 선은 성의 없어 보인다는 느낌마저 주었
다. 어쩌면 더위에 지친 우리가 더 이상의 컬러는 거
부하겠다는 선입견을 가지고 본 충분히 의도된 감상
일 수도 있었다.

　오래된 모닝은 덜덜거렸지만 우리는 에어컨을 세
게 틀고 서둘러 집으로 돌아왔다. 냉장고에 남은 야
채들과 마당에서 딴 가지를 가지고 파스타를 만들어
먹었다. 경의 오일 파스타는 오일을 많이 넣지 않고
후추를 충분히 뿌리는 것이 특징이다. 고소하고 담백

하며 볶은 야채와 함께 먹어서 건강한 맛이 느껴진
다. 역시 집이 최고야, 라는 말을 중얼거리며 우리는
배부른 오후 시간을 집에서 보내기로 했다.

"오늘 토요일이지?"

"해변마다 늦은 휴가를 즐기러 온 사람들로 북적
이겠네."

"우리는 휴가 속의 여유를 즐기자."

짧은 낮잠을 자고 일어나 책을 읽었다. 에어컨을
켠 방은 천국 같았다. 경은 누운 채로 『유럽 도시 기
행』 서문을 읽기 시작했고, 나는 이스탄불 편을 끝까
지 읽었다. 어떤 여행자들은 책에 너무 의지하면 자
신이 여행을 가서 느끼게 되는 감동이 훼손될 수 있
으니 여행서를 너무 믿지 말라고 한다. 이번 여행에서
나는 특히 그 말에 공감했다. 하지만 언어와 교통이
익숙하지 않은 외국에서의 여행안내서는 나침반 같
은 존재다. 안내서를 읽지 않으면 내가 그곳에서 가
져야 할 것과 버려야 할 것을 선택할 수조차 없게 되
기 때문이다. 여행안내서는 두맹이 마을의 노란길과
같다. 다음번에 이 책에 나온 도시들을 여행한다면

나는 좀 더 자유로운 여유를 부려 볼 수도 있을 것 같다는 생각이 들었다. 길을 따라가되 우리는 각자 느끼고 싶은 대로 느끼면 될 테니 말이다.

똑똑아,
안녕

※   ❋

6시가 넘어가자 우리는 약속이나 한 듯이 몸을 일으
켰다.

　오늘도 제주 노을을 보러 간다. 어쩌다 보니 제주
의 서쪽에서 매일 노을을 보는 것이 이번 여행의 중
요한 코스 중 하나가 되어 버렸다. 그 시간만큼은 누
구의 방해도 받지 않고 고요히 각자의 시간을 즐길
수 있기 때문이다. 노을 속에 있는 그 순간, 우리를
가득 채우는 풍만함과 출처를 알 수 없는 기묘한 슬
픔을 어떻게 설명할 수 있을까. 기억과 망각의 순간
이 뒤섞이며 우리를 옭아매던 모든 가치들이 의미 없
게 느껴지는 시간을 차마 입으로 설명할 수는 없다.

오늘은 어제 해 지고 난 후에 잠깐 보았던 협재 해수욕장으로 가기로 했다. 해가 떨어지는 순간 협재 해수욕장에서 보는 비양도를 보고 싶었다. 협재는 곽지보다 훨씬 크고 넓은 모래사장을 가지고 있었다. 그래서 그런지 위락시설이나 음식점도 꽤 많고 숙소와 상점도 많았다. 모래사장 한편에는 화려한 옷을 입고 줌바를 추는 한 무리의 사람들이 있었다. 춤을 추는 사람들이 레몬빛으로 물들고 바다의 태양은 서서히 서쪽으로 넘어가기 시작했다. 비양도의 왼쪽, 구름 사이로 숨은 태양이 구름을 붉게 물들이더니 가장자리 붉은 라인이 더욱 선명하게 빛이 났다. 곧 해는 조용히 바닷속으로 들어갔다. 줌바 음악은 여전히 해수욕장을 떠들썩하게 흔들었지만 음악과는 상관없다는 듯이 아주 정적인 노을이었다.

해변에 플리마켓이 섰기에 그곳으로 발걸음을 옮겼다. 조그마한 매대에 예쁜 액세서리나 양초, 수공예 가방이나 지갑 같은 소품을 놓아 두고 팔고 있었다. 지나가는 사람들이 조금이라도 관심을 보이면 집에서 직접 만든 거라 열심히 설명을 하며 시선을 붙잡았다. 통이 넓은 원피스를 들었다 놓았더니 주인이 얼른 다가와 입어 보란다. 나는 거울 앞에 서서 옷을 몸에 맞추어 보았다. 나이가 들수록 몸에 붙지 않는 옷을 선호하게 된다. 몸매가 변한 탓도 있겠지만 몸을 조여 오는 게 싫어진 점도 있다. 하지만 프리 사이즈인 옷은 너무 컸다.

"너무 클 거 같네요."

"아유, 안 그래요. 입으면 대충 다 맞아요."

미안하다며 목례를 하고 플리마켓을 돌아 나오는데 경이 손짓을 했다.

"저기 봐."

해가 물 밑으로 사라진 지가 언제인데…. 노을은 그 위력을 이제야 제대로 발휘하려는지 하늘을 도화지 삼아 마음껏 마블링을 펼쳐 보이고 있었다. 해가 졌다고 풍경이 끝났다고 생각한다면 노을이 주는 아름다움의 결정체는 결코 맛볼 수 없다. 바다 가운데 고고이 선 비양도 위로 물감을 휘저어 놓은 듯 분홍 연보라빛 그러데이션 하늘이 끝없이 펼쳐졌다.

"협재의 노을은 이제부턴가 봐."

생텍쥐페리의 어린 왕자가 사는 별은 크기가 너무 작아서 의자를 몇 발짝만 끌어당기면 언제든지 해지는 풍경을 볼 수 있었다. "어떤 날은 마흔세 번이나 해 지는 풍경을 바라보았어! 아저씨도 알겠지만…, 매우 슬퍼질 때는 해 지는 풍경을 바라보고 싶어."

여행 첫날 우리는 동네에서 우연히 노을을 발견하고 감동했다. 그리고 우리가 사는 서쪽에서 조금씩 장소를 옮겨가며 노을을 찾았다. 어린 왕자처럼 슬퍼질 때 노을을 찾은 게 아니라 노을을 바라보면 아름다운 슬픔이 가슴 속에 가득 들어차는 것을 느끼곤 했다. 오늘도 마찬가지였다.

사이드미러에 온통 노을을 달고 집으로 향했다. 골목에 주차를 하고 우리는 바로 길을 나섰다. 저녁식사는 곽지 해변의 식당에 가서 외식을 하기로 했다. 나는 경에게 먼저 가라고 말한 뒤 똑똑이가 있는 해안가 집의 담장으로 내려갔다. 이제 똑똑 두드리지 않아도 꼬리를 흔들며 다가올 정도로 친해졌는데, 저 녀석은 이별을 모를 테지. 아니 어쩌면 그동안 너무나 많은 사람들을 알고 너무나 많은 이별을 해서 이

별이 뭔지 모를지도 몰라.

"오늘이 마지막 밤이야, 내일은 이쪽으로 안 올 거야. 잘 있어라. 똑똑아."

내 말을 알아듣기라도 한 듯 똑똑이가 꼬리를 흔들며 담장으로 다가와 얼굴을 내밀었다. 녀석의 머리를 쓰다듬는데 기시감처럼 어린 시절 마당에 묶여 있던 누렁이가 떠올랐다. 우리가 똥개라고 부르는 세상의 누렁이는 모두 닮은 건가. 학교를 마치고 집으로 돌아오면 내 가슴 높이만큼 뛰어올라 나를 반기던 누렁이였다. 어느 날 동생과 함께 산책을 나간 누렁이가 교통사고를 당했고, 그 후유증으로 방광에 이상이 생겼다. 시간이 지날수록 누렁이의 배는 고여 있는 오줌으로 점점 차올랐다. 근처에 있는 약국에 가서 물어본 것인지 아버지가 어디서 주사기를 얻어 왔다. 마당에서 주사기로 오줌을 뽑아낼 때마다 누렁이는 낑낑거리며 고통스러워했다. 누렁이가 움직이지 못하게 잡고 있으면서 그 모습을 생생하게 봐야 했던 동생과 나도 고통스러웠다. 거사가 끝나면 우리 얼굴은 땀과 눈물, 콧물 범벅이었다. 어쩌다 아버지가 늦게 오시면 누렁이의 배는 터질 정도로 부풀어 올랐다. 그 모습을 보는 것은 참혹한 일이었다.

변변한 동물병원 하나 없을 뿐 아니라 설사 있다고 해도 아픈 동물의 수술비를 선뜻 낼 정도로 집안 형편이 좋은 것도 아니었다. 계속 아버지의 주사기에 의지하는 것에는 한계가 있다는 것을 나도 동생도 알았다. 어느 날 학교 갔다 집에 오니 마당에 누렁이가 없었다. 어디 갔느냐는 물음에 엄마는 겨우 한마디 했을 뿐이었다.

"동네 할머니가 키운다고 데리고 갔다."

그 당시 우리가 사는 동네 그 누구도 아픈 개를 병원에 데리고 가는 집은 없었다. 동물병원이라는 것이 있는 줄도 모르는 동네였다. 동네 할머니가 누렁이를 어떻게 했을지 우리는 금방 눈치챌 수 있었다. 동생과 나는 그날 밥도 먹지 않고 울었다. 그리고 우리는 다시는 개를 키우지 않았다.

나는 똑똑이의 머리를 쓰다듬으며 말했다.

"누렁아, 안녕. 잘 있어라. 비오는 날에는 꼭 집에 들어가고."

곽지 해수욕장의 노을

경은 어두워져 가는 곽지 해변에 정물처럼 서서 나를 기다리고 있었다. 우리는 몇 번 눈여겨보아 둔 곽지 해수욕장 근처, 아담하고 예쁜 음식점으로 갔다.

"가지튀김하고 회덮밥 시킬까?"

우리는 별다른 말없이 밥을 먹었다. 마지막 밤이었다. 앞으로 할 일들을 생각하거나 걱정하거나 그랬을 것이다. 경은 어제 건강검진한 병원에서 재검할 게 있다며 다시 방문해 달라는 전화를 받았다. 나 역시 마찬가지다. 예약된 병원에도 가야 하고 건강검진도 받아야 하고 은행에도 가야 한다. 우리는 각자 생각에 잠겼다. 곧 출근도 해야 하며, 여러 가지 집안일들도 처리해야 하고…. 그리고 그 해야 하는 일들을 고민하며 살아가야 한다. 그것을 너무나 잘 안다. 어쩌면 앞으로 이런 여유를 잊은 채 정신없이 바쁘게 살아가야 할지도 모른다.

하지만 열흘 동안의 길기도 또는 짧기도 한 기억은 화인처럼 몸에 새겨져 있을 것이다. 이런 휴가는 인생에 주어진 몇 안 되는 여유일 게 분명하다. 또다시 이런 여유가 주어진다면 나는 어쩌면 까마득하게

잊고 있던 사십오륙 년 전 집에서 키우던 강아지의
죽음보다 더 깊숙이 숨어 있는 어떤 비밀을 떠올리게
될지도 모른다.

걸어서
들판을 가로지르는 것

여느 때처럼 일어났지만 오늘은 아침 산책을 나가지 않기로 했다. 오후 한 시 비행기라 특별히 바쁠 것은 없지만 오전에 집에만 있는 것이 아쉬워서 경과 함께 한담해안산책로를 한 번 더 다녀오기로 했다. 냉장고를 털어 보니 사과 5개, 복숭아 2개, 당근과 양파 3개, 치즈, 빵, 계란 2개가 남아 있었다. 계란 2개를 삶고 빵을 구워 치즈를 넣어서 커피와 함께 먹었다. 사과는 우리가 산 것이니 남기고, 싱겁지만 주인 아주머니가 주신 오이맛 복숭아를 마저 먹기로 했다.

하늘이 흐리고 기온이 내려가서 걷기에는 좋은 날씨였다. 한담산책로는 곽지 해수욕장에서 한담공

원까지 이어진 해변을 따라 걷는 길이다. 이 산책로
는 장한철 산책로라고도 불린다. 조선후기 제주도 현
감을 지낸 애월 출신 장한철은 과거시험을 보러 갔다
가 태풍을 만나 표류하게 된다. 일본의 오키나와, 전
남의 청산도 등을 표류하다가 강진을 거쳐서 한양으
로, 다시 제주로 돌아온다. 그 후 그는 그 험난한 과
정을 『표해록』이라는 책을 통해 꼼꼼하게 기록하여
남겨 두었다.

표해록은 바다에서 사고로 길을 잃고 표류한 내
용을 담은 기록물이다. 잘 알려진 표해록으로 하멜표
류기와 정약전의 표류기, 최보의 표류기 등이 있다.
장한철의 『표해록』은 당시의 해로나 해류, 바람의 방
향과 제주의 문화 등을 산문체로 서술한 것으로 문
헌적, 문학적으로 그 가치를 높이 평가 받고 있다고
한다. 제주도에서는 이 가치를 기려 장한철 백일장
등 관련 행사도 개최하면서 이 거리를 장한철 산책로
로 명명했다는 설명이 표지판에 적혀 있었다.

이 길은 사람을 느리게 만든다. 빨리 걸을 수가
없다. 걸을 때마다 바닷바람에 묻은 파도의 작은 물

방울이 뺨에 생생하게 달라붙는다. 길이 좀 더 이어
졌으면 하는 아쉬운 순간에 이 길은 끝이 난다. 곽지
해수욕장 해변산책로를 지나 한담해안산책로에서 시
작한 길은 1.2km를 걸으면 그 끝에 도착하는 것이다.

장한철은 결국 제주도로 다시 돌아왔고, 돌아와
서 일기 형식의 기행문을 썼다. 그는 과거시험이라는
원대한 꿈을 가지고 길을 떠났지만 표류했고, 그 표
류가 자신의 인생에 가장 큰 업적이 되었다. 어떤 특
정 건물이나 기념 유적이 아니라 길 위에 그의 이름
을 붙인 이유가 바로 그 때문이 아닐까 하는 생각이
들었다.

우리의 여행은 끝이 났다. 하지만 아직 등장인물
들은 살아 움직이고 있고 내일은 무슨 일이 일어날지
알 수 없다. 살아가는 순간마다 우리가 표류하고 있
는 것은 아닌지 불안해할 것이다. 가끔은 망각의 숲
을 헤집어 일의 진위를 확인해 볼 때도 있을 것이고,
애써 나아간 길을 뒷걸음질 쳐 출발점으로 다시 돌아
올 수도 있을 것이다. 하지만 살아온 시간들의 경험

으로 우리는 좀 더 단단한 뗏목을 만들고, 깨지지 않는 나침반을 준비할 수 있을지도 모른다. 우리는 바람의 방향과 조류의 움직임을 예전보다는 훨씬 더 잘 읽을 수 있게 되었다. 가끔 뗏목에 걸터앉아 물속에 다리를 집어넣고 첨벙거리는 여유를 부릴 수도 있을 것이다. 다시 일상으로 돌아가겠지만 이곳에서의 열흘 또한 우리에게 일상이었다. 그리 바쁘게 걷지 않아도 괜찮아서 더욱 좋았다. 열흘 전 들뜬 마음으로 짐을 쌀 때보다 우리의 마음은 훨씬 가벼웠다.

다시 제주공항으로 돌아왔다. 공항은 여전히 사람들로 붐비고 있었다. 어딘가로 떠나거나 어딘가에서 도착한 사람들의 얼굴에는 기분 좋은 피곤함이 옷감의 씨줄과 날줄처럼 섬세하게 얽혀 있었다. 의자 끝에 엉덩이를 걸치고 스마트폰을 만지고 있는 남자아이의 얼굴에서는 떠난다는 사실에 대한 어떤 의심도 읽을 수 없었다. 사람들은 잠시 이곳에 머물고 곧 떠날 것임을 알았다. 그들은 여행자였다. 여행은 우리에게 더이상 특별한 일이 아니었다. 돈과 시간을 들이고 요란한 계획을 짜지 않아도 우리의 여행은 가능한 것이다. 올가 토카르추크는 그녀의 소설 『방랑자들』
에서 '나의 첫 여행은 걸어서 들판을 가로지르는 것
으로 시작되었다'고 말했다.

그렇다면, 우리들의 여행은 분명 끝나지 않았다.